40 Kurzgeschichten aus Deutschland

Der große Sammelband zum Deutschlernen

von
Ann Natalie Schmid
Jan Szurmant

PONS

40 Kurzgeschichten aus Deutschland

Der große Sammelband zum Deutschlernen

von
Ann Natalie Schmid, Jan Szurmant

2. Auflage 2025

Geschichten 1, 3, 5, 9, 10: Jan Szurmant;
Geschichten 2, 4, 6, 7, 8: Ann Natalie Schmid
(entnommen aus ISBN 978-3-12-562103-9)
Geschichten 11-20: Ann Natalie Schmid
(entnommen aus ISBN 978-3-12-562866-3)
Geschichten 21-40: Jan Szurmant
(entnommen aus ISBN 978-3-12-562922-6)

Logoentwurf: Erwin Poell, Heidelberg
Logoüberarbeitung: Sabine Redlin, Ludwigsburg
Layout: PONS Langenscheidt GmbH Stuttgart
Satz: tebitron gmbh, Gerlingen; HOX designgroup, Köln
Druck: Multiprint Ltd., Kostinbrod
Bildnachweis: 4.2 (Ann Natalie Schmid); 4.3 (Foto: Jan Szurmant); Fotolia, New York: 1.1, 17.1 (Christian Schwier); 6.2, 79.1 (JPS); 6.1, 133.1 (eyetronic); 10.1 (crimson); 11.1, 225.1 (photocrew); 11.2 (ExQuisine); 28.2 (itestro); 40.2 (kristina rütten); 45.3 (Anna Kucherova); 52.1, 53.4 (Manuel Schönfeld); 53.3 (Axel Burchardt); 61.1 (Petair); 72.1 (impressed-media.de); 76.1 (t0m15); 76.2 (Thomas Reimer); 78.1 (Wolfilser); 78.4 (Alekss); 83.1 (voren1); 112.1, 238.3 (Blickfang); 129.2 (imagineilona); 131.1 (unpict); 132.1 (ekaterina_belova); 136.2 (magann); 137.1 (Kzenon); 138.1 (Frank Gärtner); 151.1 (Christian Colista); 152.2 (Volker Werner); 158.4 (Björn Wylezich); 170.3 (A_Lein); 178.3, 178.4 (Dozey); 178.6 (kab-vision); 193.1 (elenaklippert); 215.1 (Branko Srot); 215.2 (racamani); 215.3 (kaptn); 220.3 (deyveone); 220.4 (Norman); 220.5 (spuno); 223.1 (wavebreak3); 224.2 (cityanimal); 230.1 (pure-life-pictures); 235.1 (bofotolux); 238.1 (eyewave); 240.1 (Stockfotos-MG); 243.2 (jrossphoto); (Fortsetzung auf S. 248)

ISBN: 978-3-12-566057-1

EINIGE WORTE ZU DIESEM BUCH

Sie lesen gerne Kurzgeschichten und möchten etwas für Ihr Deutsch tun?
Dann halten Sie das richtige Buch in der Hand! Mit 40 mal witzigen, mal spannenden, aber niemals langweiligen Kurzgeschichten lernen Sie einiges über das Leben in Deutschland und anderen Ländern, in denen Deutsch gesprochen wird wie Österreich, die Schweiz und Liechtenstein.

Nicht nur lesen, sondern auch sehen!
Wenn Sie eine Fremdsprache verstehen und sprechen wollen, müssen Sie viele, viele Wörter lernen. Aber wenn Wörter auch noch illustriert werden, geht das Lernen gleich viel leichter.
Die Bilder in diesem Buch zeigen viele Sehenswürdigkeiten, typisch deutsche Gerichte und jede Menge Gegenstände aus dem täglichen Leben. Auf jeder Seite sind schwierige Wörter farbig markiert und werden in einer Vokabelbox oder mit einem Bild erklärt.

Lassen Sie sich inspirieren
Nach manchen Geschichten finden Sie zwei Seiten mit vielen weiteren Informationen und einem Extra an neuen Wörtern.
Erfahren Sie mehr über Land & Leute, besondere Orte und Traditionen.

Bevor es losgeht, lernen Sie auf den nächsten Seiten die Autorin und den Autor dieses Buches kennen. Auf einer Karte sehen Sie außerdem, wo die einzelnen Geschichten spielen.

Viel Spaß beim Lesen wünscht Ihre PONS-Redaktion!

DIE AUTOREN

Ann Natalie Schmid wurde in London geboren. Später ist sie nach Baden-Württemberg gezogen, wo sie heute noch lebt. Schon als Kind fand sie Bücher toll. Nach der Schule studierte sie aber erst Geologie und leitete dann ein kleines Fossilien- und Mineralienmuseum. Später wechselte sie den Beruf und wurde Redakteurin. Dabei arbeitete sie auch an einem Fachlexikon und einigen Jugendbüchern, um nur zwei Beispiele zu nennen. Nach einigen Aus- und Weiterbildungen gibt sie heute vor allem Text-Seminare und schreibt gerne Geschichten.

Jan Szurmant wurde in Wiesbaden geboren, wo er seine ganze Kindheit verbrachte. Seit 2006 lebt er im polnischen Krakau. Hier arbeitet er als Deutschlehrer und Schulungsleiter, als Trainer für Deutschlehrer, als Autor von DaF-Lehrbüchern und Reiseführern zu Krakau und Warschau, außerdem als Sprecher für Lehrbücher und Audioguides. Beruflich und privat reist er oft, egal ob ans Meer, aufs Land oder in große Städte, am liebsten mit der Bahn. Immer dabei: Fotoapparat und Notizblock. Wann immer es geht, fährt er in die nahe Tatra zum Wandern. Oder ins Stadion seines Lieblings-Fußballclubs Eintracht Frankfurt, um den es in einer der folgenden Geschichten geht. Die Arbeit an diesem Buch war für ihn auch eine gute Möglichkeit, endlich mal wieder durch die deutschsprachigen Länder zu reisen.

SCHAUPLÄTZE DER GESCHICHTEN
18 Das Erbe der Großtante Hedwig
24 Weihnachten auf Helgoland
27 Ins Zauberland
31 Eine doppelte Beichte
39 Nach der Wanderschaft
7 Ein Wochenende auf Rügen
13 Das Hochzeitsessen ohne Hochzeitspaar
15 Ein Buch voller Erinnerungen
33 Das gibt's doch gar nicht!
40 Nichts als Sorgen
19 Wenn der Himmel brennt
25 Rentnertraum
0 Eine Gutenacht-geschichte reist um die Welt
37 Ein ganz besonderer Kuss
6 Der Handydieb von Aachen
14 Lauras Opernabend
9 Tausendmal ist nichts passiert
8 Gudrun trinkt nur Tee
22 Der Engel vom Oktoberfest
34 Der Geist von Burg Eltz
8 Heimweh nach Mexiko
35 Das Geheimnis der Weinkönigin
38 Ein falscher Schritt
5 Flucht vor der Fastnacht
28 Morgens um neun in Isny
21 Die Spaghettieis-Lüge
4 Die letzte Küchenmaschine
6 Der beste Kuchen der Welt
11 Ein Fall für die Polizei
17 Eine romantische Fahrt im Mondschein
SCHLESWIG-HOLSTEIN
HAMBURG
MECKLENBURG-VORPOMMERN
BREMEN
NIEDERSACHSEN
BRANDENBURG
BERLIN
SACHSEN-ANHALT
NORDRHEIN-WESTFALEN
SACHSEN
HESSEN
THÜRINGEN
RHEINLAND-PFALZ
SAARLAND
BAYERN
BADEN-WÜRTTEMBERG
GESCHICHTEN aus …
Österreich
Liechtenstein
Schweiz
„Irgendwo“
2 Der verlorene Ehering
3 Ein süßes Geheimnis
10 Die große weite Welt
12 Ein Einbrecher im Paradies
16 Der Mann, der auf einen Baum stieg
20 Das melodische Glockenspiel der St. Laurentiuskirche
23 Auf der Suche nach der Wahrheit
29 Ein junger Traum
32 Die Rettung des Kaffeehauses
36 Eine arbeitsreiche Nacht

INHALT

1 HEIMWEH[1] NACH MEXIKO

Ich habe eine halbe Europareise hinter mir: zuerst Madrid, dann Wien, danach Basel und jetzt Stuttgart. Wer ich bin? Ich heiße Anita und komme aus Mexiko.

Heute habe ich ein wichtiges **Vorstellungsgespräch**. Ich habe mich bei einem **Verlag**[2] in Stuttgart als Redakteurin beworben. Da kommt auch schon die Chefin. Ich bin furchtbar nervös. Aber **es läuft gut**[3], wir sprechen mehr als eine Stunde. Ob ich die Stelle wohl bekomme? Es ist wirklich mein Traumjob ...

Einen Tag später bin ich wieder in Basel und warte und warte auf den Anruf. Wann meldet sich der Verlag denn endlich bei mir? Besonders **geduldig**[4] war ich noch nie.

Nach einer Woche klingelt das Telefon. Eine Nummer aus Stuttgart. Na, das wurde auch mal Zeit! Am Apparat ist eine Frau, die ich nicht kenne. Aber sie sagt mir, dass ich die Stelle habe: Juhu! Ich kann es gar nicht glauben. Ich habe meinen Traumjob! Und in drei Wochen kann ich schon anfangen!

Vier Tage vor meinem ersten Arbeitstag komme ich nach Stuttgart. Eine Wohnung habe ich noch nicht, am Anfang wohne ich im Hotel. Doch lange will ich dort nicht bleiben. Ich suche eine Wohnung und habe deshalb einen Termin nach dem anderen. Trotzdem telefoniere ich lange und oft mit meiner Familie und meinen Freunden. Denn irgendwie habe ich Heimweh nach Mexiko.

Dann kommt mein erster Arbeitstag. Meine Kollegen sind alle sehr nett, aber ich bin eher **schüchtern**[5]. Für mich ist ja alles noch so neu! Mittagspause, alle sagen: „**Mahlzeit**[6]." In der **Kantine** sitze ich lieber allein. Doch da kommt Sarah, meine Chefin. Die kenne ich ja schon vom Bewerbungsgespräch. Zum Glück setzt sie sich zu mir - und sie fängt gleich an zu singen: „Ich fand sie irgendwo, allein
in Mexiko. Anita - Anita."

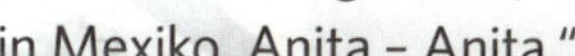

1 **das Heimweh** - man ist traurig, weil einem die Heimat fehlt
2 **der Verlag** - hier werden Bücher, Zeitungen oder Zeitschriften gemacht
3 **es läuft gut** - es gibt keine Probleme
4 **geduldig** - man kann gut warten und wird nicht nervös
5 **schüchtern** - vorsichtig; man hat Angst, mit anderen zu sprechen
6 **Mahlzeit!** - (hier:) Gruß der Kollegen/Kolleginnnen, wenn man auf der Arbeit essen geht

Dann hört sie wieder auf zu singen und sieht mich an. „Kennst du das Lied?", fragt sie. Nein, das Lied habe ich wirklich noch nie gehört. Sarah lacht: „Nur ein alter deutscher **Schlager**[7]. Dann sieht sie auf meinen vollen Teller. Wie schmeckt dir das Essen?", fragt sie weiter. „Gut", antworte ich höflich. Aber Sarah sieht mich an und lacht wieder. Ich glaube, für sie ist mein Gesicht wie ein Buch. „Das Essen hier schmeckt niemandem. Dir auch nicht, oder?" Ich mag Sarah, vielleicht gerade weil sie so viel Temperament hat und irgendwie ein bisschen **verrückt**[8] ist.

Endlich habe ich eine Wohnung gefunden! Sie ist nicht groß, aber sie gefällt mir. Am Ende fragt mich der Vermieter: „Sie wissen, was die Kehrwoche ist?" Ich sage: „Ja, ja, natürlich!" - obwohl ich überhaupt keine Ahnung habe. Ich darf nicht vergessen, Sarah danach zu fragen. Die weiß es **bestimmt**[9].

Langsam **lebe** ich mich **ein**[10]. Auf der Arbeit läuft alles gut. Wir produzieren Schulbücher, ich bin Redakteurin für Spanisch. In der Freizeit fahre ich durch Stuttgart und sehe mir alle Sehenswürdigkeiten an. Am besten gefällt mir die **Weißenhofsiedlung**. Ich mag moderne Architektur und die Häuser erinnern mich an Mexiko. Doch das Heimweh, das bleibt.

Doch das Heimweh, das bleibt.

Heute bin ich mal wieder in der Kantine. Mal wieder schmeckt es nicht. Und mal wieder kommt Sarah vorbei. Ein Glück! Es gibt doch so vieles, was ich noch nicht weiß und verstehe. Ich fange auch gleich an: „Du Sarah, kann ich dich mal was fragen?“ Sie antwortet: „**Nur zu.**[11]“ Die Sache mit der Kehrwoche muss noch warten. Wichtiger ist mir eine andere Frage: „Welches Essen ist denn typisch für Stuttgart? Bis jetzt habe ich nur mexikanisch gekocht. Und ...“ Sarah fragt: „Und?“ „Und das hilft auch nicht gegen mein Heimweh.“ Am Nachmittag gibt Sarah mir eine lange Liste mit Spezialitäten. „Das schmeckt dir bestimmt“, sagt Sarah, „aber ein Rezept gegen dein Heimweh ist leider nicht dabei.“

Spezialität aus Schwaben; Nudeln mit Käse und Zwiebeln

die Kässpätzle (Pl.)

Spezialität aus Schwaben; mit Fleisch oder vegetarisch gefüllte Nudeln, ähnlich wie Ravioli

die Maultasche

In den nächsten Tagen gehe ich oft essen. Und ich muss sagen, dass mir die Spezialitäten wirklich schmecken. Am liebsten esse ich **Kässpätzle** und **Maultaschen**. Lecker! Trotzdem denke ich oft an Mexiko und werde jedes Mal traurig dabei.

7 **der Schlager** - Hit, beliebtes Lied
8 **verrückt** - nicht normal
9 **bestimmt** - ganz sicher, zu 100 %
10 **sich einleben** - eine neue Heimat besser kennenlernen
11 **Nur zu.** - Aber natürlich. Ich höre.

zoologisch-botanischer Garten im Stuttgarter Stadtteil Bad Cannstatt

Nur wenn ich in der **Wilhelma** sitze, fühle ich mich besser. Komisch, oder?

Zwei Wochen später sitze ich in der Kantine, Sarah ist auch da. „Wie haben die Spezialitäten geschmeckt?", fragt sie. „Fantastisch", antworte ich, „aber ich habe leider ein paar Kilo **zugenommen**[12]." „Komm doch mal bei mir vorbei", sagt Sarah und lacht mal wieder. „Da musst du ein bisschen Sport machen." Ich verstehe nicht, was sie meint, schreibe mir aber ihre Adresse auf: in der Wagenburgstraße, am Ende der **Eugenstaffel**.

lange Treppe in Stuttgart

Es ist Samstag, heute gehe ich zu Sarah. Vorher will ich aber noch ein kleines Geschenk für sie kaufen: ein Kochbuch mit mexikanischen Spezialitäten.

In Stuttgart gibt es mehr als 400 Treppen, die die Straßen miteinander verbinden. Sie heißen **Stäffele**.

Ich öffne die Wohnungstür und sehe ein Schild. **Kehrwoche** steht darauf. Oh nein! Ich habe ja ganz vergessen, Sarah danach zu fragen. Also gehe ich gleich zum Telefon, rufe Sarah an und frage, was das ist. Sie lacht mal wieder und sagt. „Du Arme! Kehrwoche heißt: Du musst heute das ganze

schwäbische Tradition; am Samstagnachmittag muss ein/-e Mieter/-in den Hausflur und die Treppen putzen, am nächsten Samstag ein/-e andere/-r

Treppenhaus putzen." Auch das noch! Schnell putze ich alles und renne los, um das Geschenk zu besorgen.

alle Treppen in einem Haus vom untersten bis zum obersten Stock

steil

es geht stark nach oben oder unten

Ich steige beim Hauptbahnhof aus dem Bus aus und gehe die Eugenstaffel hoch. Ist die aber lang - und **steil**! Ich glaube, heute habe ich wirklich ein paar Kilo **abgenommen**[13].
Oben angekommen gebe ich Sarah das Geschenk. Sie freut sich und nimmt mich mit in die Küche. Das Essen ist noch nicht ganz fertig. Also helfe ich ihr und wir reden ein bisschen. „Weißt du, wann es bei mir mit dem Heimweh besser ist?", frage ich sie. „Nein, wann denn?" „Wenn ich in der Wilhelma sitze. Dort bin ich manchmal am Wochenende, ich habe sogar eine Jahreskarte gekauft. Aber ich verstehe nicht, warum ich dort kein Heimweh habe." „Hmm", antwortet Sarah, „vielleicht erinnern dich die Gebäude an Mexiko?"

Etwas später essen wir. Sarah hat Maultaschen gemacht. Plötzlich fängt sie an zu lachen. „Warum lachst du?", frage ich. „Jetzt weiß ich, warum du dort kein Heimweh hast! In der Nähe der Wilhelma lebt eine Kolonie von **Gelbkopfamazonen**.
Diese Papageien kommen aus Mexiko. Und sie sind sehr laut. Bestimmt hast du sie gehört und dich gleich wie zu Hause gefühlt."
Und ich denke: 'Na, wenn die mexikanischen Papageien hier kein Heimweh haben, dann muss ich ja eigentlich auch keins mehr haben.'

grüner Papagei aus Brasilien, Peru, Mexiko, Trinidad, Venezuela und Kolumbien; in Stuttgart gibt es die einzige freilebende Population außerhalb Amerikas

12 **zunehmen** - dicker werden
13 **abnehmen** - dünner werden

Stuttgart

... ist eine Großstadt im Südwesten Deutschlands und bekannt für ihre Automarken, die Baustelle „Stuttgart 21", den starken Verkehr und die schlechte Luft. Aber die Stadt hat auch ihre schönen Seiten!

Im Herzen Stuttgarts liegt der **Schloßplatz** mit dem **Neuen Schloss**. Hier haben früher die württembergischen Könige gelebt. Heute findet man dort einige Ministerien und ein Museum.

Das **Neue Schloss** wurde zwischen 1746 und 1807 gebaut. Gleich daneben liegt das **Alte Schloss**. Dieses gibt es schon seit dem Jahr 950.

Wenn Sie nach Stuttgart kommen, sehen Sie den ersten (!) **Fernsehturm** der Welt. Seit 1956 garantiert er, dass alle Stuttgarter/-innen ihre Fernseh- und Radioprogramme bekommen können.

Der Turm ist **217 m** hoch und steht auf einem Berg im Stadtteil **Degerloch**. Mit dem Aufzug erreicht man den Aussichtsbalkon in nur 35 Sekunden. Bei klarem Wetter hat man einen fantastischen Blick und kann sogar bis zur **Schwäbischen Alb** sehen.

Seit 2011 haben die Bücher der **Stadtbibliothek** ein neues Zuhause. Der moderne Bau stammt vom koreanischen Architekten **Eun Young Yi**. Besonders toll ist der Innenraum der Bibliothek, der über vier Stockwerke geht.

Die **Jubiläumssäule** ist 30 m hoch und wurde 1841 zum 60. Geburtstag von König Wilhelm I. gebaut. Oben auf der Säule steht eine Figur der römischen Göttin **Concordia**.

Die Bibliothek hat die Form eines großen Quaders. Das gefällt nicht jedem. Deswegen nennen manche die Bibliothek ironisch auch **Bücherknast**. Ein Knast ist ein Haus, in dem Kriminelle bleiben müssen.

Zu Stuttgart gehört auch der **Erbschleicherexpress**. So nennen die Stuttgarter ihre Standseilbahn, die von der Südstadt zum Waldfriedhof fährt. Sie ist Teil des öffentlichen Verkehrssystems. Deshalb kosten die Fahrkarten nicht mehr als in normalen Bussen oder Bahnen.

Die historische Bahn stammt aus dem Jahr 1929. Der Wagen auf dem Bild ist noch das Original, wird aber auch heute noch von vielen Menschen genutzt, um zur Arbeit zu kommen. Die Bahn fährt nur 536 Meter und die Fahrt dauert nur 4 Minuten. In dieser kurzen Zeit steigt die Bahn aber 87 Meter hoch.

2 DER VERLORENE EHERING

So, das ist geschafft! Den ganzen Tag war Erich auf dem **Feld**, um Karotten zu **säen**. Eigentlich muss er das gar nicht mehr tun. Er ist schon 76 Jahre alt und hat seinen **Hof** schon vor ein paar Jahren an seinen Sohn **übergeben**[1]. Aber er liebt seine Arbeit. Deshalb hilft er seinem Sohn, wo er kann.

Nur noch die Hände waschen, dann geht es zum Abendessen. Erich freut sich, denn heute gibt es **Gulasch**. Sein Lieblingsessen.

Aber – was ist das? Dort, am **Ringfinger**, wo sonst immer sein goldener **Ehering** sitzt, ist nichts mehr. Der Ring ist weg!

Erich wird nervös. Sein Ehering ist ihm sehr wichtig. Seit seiner Hochzeit hat er ihn immer getragen. Und die war ja schon vor fast fünfzig Jahren. Wo ist der Ring nur hin? Erich sucht lange im Badezimmer, im Hausflur und auf der Treppe. Aber der Ring ist nicht zu finden. Also muss er draußen weitersuchen. Er geht zur Haustür und öffnet sie. Dabei schaut er die ganze Zeit auf den Boden. Seine Frau Hanne ruft: „Erich, wo willst du denn hin? Wir essen gleich!" Erich weiß nicht, was er antworten soll. Wie soll er Hanne sagen, dass er den Ehering verloren hat? Das Symbol ihrer Liebe. Sie haben drei Kinder und viel zusammen **erlebt**[2]: Gute und schlechte Tage, wie sie es sich bei ihrer Hochzeit **versprochen**[3] haben. Er muss den Ring finden! Schnell ruft er: „Ich komme gleich, Hanne. Ich habe nur etwas vergessen." Dann geht er nach draußen.

Im Hof steht noch der **Traktor** mit dem **Anhänger**. Erich steigt erst auf den Traktor, dann auf den Anhänger. Er sucht und sucht, aber er kann den Ring einfach nicht finden. Mit hängendem Kopf geht er zurück ins Haus und erzählt Hanne, dass er den Ehering verloren hat. Doch zu seiner großen **Verwunderung**[4] findet seine Frau das gar nicht so schlimm. „Ach, Erich", meint sie nur und nimmt ihn in den Arm, „den Ring findest du schon noch."

Die Tage vergehen. Aus den Tagen werden Wochen, dann Monate. Der Ehering ist und

1 **etw. (Akk.) an jmdn. übergeben** – etw. an jmdn. weitergeben

2 **etw. (Akk.) erleben** – etw. (Akk.) sehen, kennenlernen

3 **versprechen** – sagen, dass man etwas ganz sicher tun wird

4 **die Verwunderung** – Subst. zu ‚sich wundern' – nicht normal finden

bleibt weg. Der Tag der **Goldenen Hochzeit**[5] kommt immer näher. Und die wollen sie mit einem großen Fest feiern. 64 Gäste haben sich angemeldet. Natürlich braucht Erich für die Zeremonie in der Kirche unbedingt seinen Ehering. Erich ist schrecklich nervös. Nachts kann er gar nicht mehr gut schlafen. Hanne **dagegen**[6] ist ganz ruhig. Sie glaubt immer noch daran, dass ihr Mann einfach noch nicht gut genug gesucht hat. Da es aber nur noch wenige Woche bis zur Goldenen Hochzeit sind, machen sie doch lieber einen Termin bei einem **Juwelier**. Nächste Woche wollen sie in die Stadt, um neue Ringe zu bestellen. Vorher ist dazu leider keine Zeit, denn Erich muss noch die Karotten **ernten**[7].

Mit dem **Karottenroder** fährt Erich wieder über das Karottenfeld. Die Karotten werden aus der Erde gezogen und kommen über ein Transportband in Kisten. Hinten auf dem Anhänger stehen Erichs Enkel. Sie sind vierzehn und achtzehn Jahre alt und helfen ihrem Opa, um sich so ein kleines Taschengeld zu verdienen. Ihre Aufgabe ist es, Steine, andere Pflanzen und kaputte Karotten zu finden und vom Anhänger zurück aufs Feld zu werfen.

Auf einmal ruft Erichs Enkel Jonas ganz laut: „Halt, Opa! Stopp!"

Sofort hält Erich an. Hoffentlich ist niemandem etwas passiert! Jonas steigt vom Anhänger und läuft nach vorne zu Erich. Dabei **schwenkt**[8] er eine Karotte

der Juwelier

Beruf: jemand, der Schmuck herstellt und verkauft

spezieller Traktor, mit dem man Karotten erntet

der Karottenroder

in der Luft und **strahlt übers ganze Gesicht**[9]. „Opa, Opa, schau mal, was ich hier habe!"

Als er Erich die Karotte in die Hand drückt, sagt der erst einmal gar nichts. Dann **flüstert**[10] er: „Das gibt es doch gar nicht" – und fängt an zu weinen. Dicke **Tränen**[11] laufen ihm über das alte Gesicht. Denn auf der Karotte sitzt – sein Ehering. In den letzten Tagen hat er wirklich überall gesucht, nur auf dem Feld natürlich nicht. Das ist ja auch viel zu groß. Sein Ring! Sein Ring ist wieder da! Sie brauchen doch nicht zum Juwelier. Die Goldene Hochzeit kann kommen!
Sofort **bricht**[12] Erich die Möhre in zwei Teile, nimmt den Ring ab und **steckt**[13] ihn an den Ringfinger seiner rechten Hand. Glücklich sieht Erich auf das kleine goldene Etwas. So ist es richtig, so soll es sein! Als er ihn am Abend Hanne zeigt, meint diese nur: „Siehst du, ich habe doch gewusst, dass du ihn noch wiederfindest. Unser Feld gibt uns doch immer alles, was wir brauchen."

Für die **Karotte** gibt es viele Namen. In manchen Regionen heißt sie auch **Möhre** oder **Mohrrübe**, in anderen **gelbe Rübe**.

5 **die Goldene Hochzeit** – der fünfzigste Hochzeitstag
6 **dagegen** – im Unterschied dazu
7 **ernten** – das fertige Gemüse vom Feld holen
8 **etw. (Akk.) schwenken** – mit etw. (Dat.) winken
9 **übers ganze Gesicht strahlen** – sich so freuen, dass man es am ganzen Gesicht sieht
10 **flüstern** – leise sagen
11 **die Träne** – Wasser, das aus den Augen kommt, wenn man weint
12 **brechen** – durch Drücken kaputt machen
13 **stecken** – etwas Kleines an den Ort tun, für den es gedacht ist

3 EIN SÜßES GEHEIMNIS

Im 19. Jahrhundert eröffnet im Herzen Salzburgs eine kleine, feine **Konditorei**[1]. Ein paar Jahre und viele Experimente später ist das **Meisterwerk**[2] fertig: eine runde Praline für die Bewohner Salzburgs mit **Pistazien**, **Marzipan**, **Nugat** und Schokolade.

grüne Nuss; hier als weiche Masse

weiche Masse aus Zucker und Mandeln

Praline mit einer Pistazie, Marzipan, Nugat und Schokolade

weiche Masse aus Zucker, Haselnüssen, Milch und Kakao

Einfach **köstlich**[3]. Und dann trägt sie auch noch den Namen von Wolfgang Amadeus Mozart. Na, so etwas muss sich doch gut verkaufen lassen! Und wirklich: Schon kurze Zeit später bekommt der Konditor bei einer europäischen Ausstellung für seine **Mozartkugel** die Goldmedaille.

Schrader schließt den Laptop. ‚Die habe ich noch nie gegessen', denkt er. ‚Ein interessanter Auftrag – mal etwas Neues.' Er zieht seinen Mantel an, schaut auf seinen Arbeitsplatz und sagt leise:
„Ich muss mal wieder aufräumen." Dann **verlässt**[4] er mit zwei Pizzakartons und vier leeren Bierflaschen sein Detektivbüro.

Draußen wirft er den Müll weg und steigt in seinen Wagen. Von München bis zum **Tatort**[5] nach Salzburg muss er ein Stück fahren. Er macht das Autoradio an: Mozart. Das passt ja!

Zwei Stunden später lässt er seinen Wagen in der Garage direkt neben der Salzburger Altstadt stehen. Der schnellste Weg zur Konditorei führt über den **Kapitelplatz**. Sofort fällt ihm die riesige goldene Kugel auf dem Platz auf. Schrader stellt sich neben eine Touristengruppe und hört ein paar Minuten zu: „... und das hier, liebe Besucher, ist die **Sphaera**, ein Kunstwerk von Stephan Balkenhol. Die Salzburger nennen sie auch die ‚Balkenhol-Mozartkugel'..."
‚Wieder etwas gelernt', denkt Schrader und geht weiter.

1 **die Konditorei** – Bäckerei, die feine Kuchen und Torten macht
2 **das Meisterwerk** – das beste Stück eines Künstlers/einer Künstlerin
3 **köstlich** – sehr lecker
4 **etw. (Akk.) verlassen** – aus etw. (Dat.) hinausgehen, weggehen
5 **der Tatort** – Ort, an dem etwas Kriminelles passiert ist

Der Mann auf der Figur ist aus Bronze und wiegt 300 Kilo.

2007 hat der deutsche Künstler **Stefan Balkenhol** diese Kugel gemacht.

Die Kugel ist 2 Tonnen schwer und hat einen Durchmesser (Ø) von 5 Metern. Sie ist aus vergoldetem Kunststoff.

Der **Kapitelplatz** ist ein großer Platz in der Altstadt von Salzburg. Rund um den Platz stehen viele wichtige Gebäude, darunter auch der **Salzburger Dom**. Dahinter sieht man die **Festung Hohensalzburg**.

der Fingerabdruck

charakteristisches Muster auf der Haut des Fingers; es findet sich auf allen Dingen, die ein Mensch in die Hand nimmt, und ist deshalb wichtig für die Polizei

Als er zur Konditorei kommt, geht die Polizei gerade. Zwei Polizisten diskutieren noch ein paar Details: „Keine **Fingerabdrücke** – das wird schwierig." In der Konditorei ist auch ein Café. Hier ist gerade viel los. **Neugierig**[6] schauen die Gäste der Polizei nach. Schrader nimmt sich eine Mozartkugel, packt sie aus, sieht sie sich von allen Seiten an und isst sie dann langsam. ‚Nicht schlecht', denkt er. Da kommt der **Ururenkel**[7] des ersten Konditors auf ihn zu: „Die werden heute noch von Hand gemacht", erklärt er.

Zusammen gehen sie die Treppe hoch zum Büro. Der **Safe** steht noch offen. „Da war das Originalrezept drin", sagt der Mann. Schrader schaut sich um. Alles ist sehr sauber. Und alles ist sehr aufgeräumt. Ganz anders als in seinem Büro. Am Safe findet er wirklich keine Fingerabdrücke – wie die Polizei gesagt hat. Doch was ist das? Unter dem Schreibtisch liegt ein Papier. Dieses Papier kennt er doch! Da gehört doch eine Mozartkugel rein! Aber dieses Papier ist leer.

Schrank aus Metall mit Schloss für Geld oder Schmuck

„Wer hat das Rezept gestohlen?"

die Plastiktüte — Tasche aus Plastik

der Handschuh — Kleidung für die Hände

Schrader zieht einen **Handschuh** an und lässt das Papier in eine **Plastiktüte** fallen. Der Konditor schaut sich den Safe noch einmal ganz genau an. Er hat nichts gemerkt.

Schrader packt die Tüte ein, zieht die Handschuhe wieder aus und geht zum Chef der Konditorei. „Und – was meinen Sie: Wer war es? Wer hat das Rezept **gestohlen**[8]?", fragt Schrader. Der Mann antwortet sofort. „Das ist ganz klar. Die Konkurrenz natürlich. Sie müssen wissen: Wir gewinnen oft Preise für die beste Praline. Auch die Kunden sagen, dass unsere Mozartkugeln die besten sind. Vielleicht will die Konkurrenz sie kopieren."

Wenig später sitzt Schrader wieder in seinem Büro. Neben ihm liegt eine Tüte mit verschiedenen Mozartkugeln. Er isst eine Praline nach der anderen. Zwischen den einzelnen Pralinen trinkt er immer etwas Wasser. ‚Die Theorie mit der Konkurrenz glaube ich nicht', denkt er. ‚Die schmecken alle anders. Eine kopierte Mozartkugel – das würde man doch gleich merken.' Dann hat er eine Idee.

Schrader steigt wieder in seinen Wagen und fährt zu einem Parkplatz an der Autobahn. Hier wartet er. Eine halbe Stunde später kommt noch ein Auto und hält neben Schraders Wagen. „Du bist zu spät", sagt Schrader.

6 **neugierig –** sehr interessiert (auch an privaten Details anderer Personen)
7 **der Ururenkel –** Enkel des Enkels
8 **gestohlen (Perfekt von stehlen) –** ohne Erlaubnis nehmen

die Hecke

Die Fahrerin des Autos, eine junge Frau in schwarzer Kleidung antwortet „Du bist zu früh." Dann setzte sie sich zu Schrader ins Auto. Der Detektiv gibt ihr die Tüte mit dem Papier und meint: „Du **hast was gut bei**[9] mir."

maximal 2 m hohe Wand aus kleinen Bäumen

Gerät, mit dem man weit oder genau schauen kann

Es regnet. Schrader liegt hinter einer **Hecke** und beobachtet mit einem **Fernglas** eine Villa.

Es ist ein luxuriöser Bungalow, Architektur der sechziger Jahre, außerhalb von Salzburg. Im Haus ist alles dunkel und ruhig. Schrader wartet. Aber lange muss er gar nicht warten. Da kommt auch schon ein Wagen. Es ist ein alter **Sportwagen**. Der Fahrer hält an und holt etwas aus dem Auto. Schrader schaut wieder durch sein Fernglas und sieht einen **Bilderrahmen**. Mit dem Bilderrahmen unter dem Arm geht der Mann ins Haus.

schnelles Auto

Rand für ein Bild aus Holz oder Plastik

Schraders Handy vibriert. „Ja?", fragt er. Eine Frauenstimme sagt: „War nicht leicht mit den Fingerabdrücken, aber wir haben es geschafft. Es ist ein alter Bekannter von uns **mit einer Schwäche für**[10] Süßigkeiten: Josef, **Guzi**[11]' Gutmayer." „Das habe ich mir gedacht. Rate mal, wo ich bin: bei Gutmayers Villa", antwortet Schrader.

Er geht durch den großen Garten auf die Terrasse und sieht ins Wohnzimmer. Die Tür geht ganz leicht auf. Leise **schleicht**[12] Schrader hinein und geht nach rechts. Guzi steht mit dem Rücken zu Schrader. „Wie haben Sie mich gefunden?", fragt Guzi, ohne **sich umzudrehen**[13]. „Ihre Schwäche für Süßigkeiten. Als Sie das Rezept gestohlen haben, haben Sie eine Mozartkugel gegessen. Um die Praline auszupacken, mussten Sie die Handschuhe ausziehen. Das Papier ist unter den Schreibtisch gefallen. Und darauf waren Ihre Fingerabdrücke." Gerade in diesem Moment kommt die Polizei und **nimmt** Guzi **fest**[14].

Der Konditor öffnet den Safe und legt das Rezept hinein. „Was wollte der Dieb denn mit dem Rezept?", fragt er. Schrader antwortet: „Oooch, Guzi sammelt vieles. Kunst, Antiquitäten, Autos, einfach alles. Legal, illegal, ganz egal." Der Mann fragt weiter: „Und wie haben Sie ihn so schnell gefunden?"

„Das bleibt mein süßes **Geheimnis**[15]."

9 **Du hast was gut bei mir** – (ugs.) Danke für die Hilfe. Das nächste Mal helfe *ich dir*.

10 **eine Schwäche für etw.** – etw. so gerne mögen, dass man nicht Nein sagen kann

11 **die Guzi** – (österr.) Süßigkeit

12 **schleichen** – langsam und leise gehen

13 **sich (Akk.) umdrehen** – den Körper wenden, sodass nicht mehr der Rücken, sondern das Gesicht in eine bestimmte Richtung zeigt

14 **jmdn. festnehmen** – jmdn. mitnehmen, weil er etwas Kriminelles gemacht hat

15 **das Geheimnis** – etw., das man selbst weiß, das andere aber nicht wissen sollen

Salzburg

... heißt deshalb Salzburg, weil in der Nähe der Stadt früher Salz gewonnen wurde. Das ‚weiße Gold' machte die Salzburger reich.

Eine Spezialität sind die **Salzburger Nockerln**, ein warmes Dessert mit sehr vielen Kalorien! Sie bestehen aus Eiern, Mehl und Zucker und werden im Ofen gebacken. Die drei Spitzen symbolisieren die drei Berge, die rund um Salzburg liegen: Das sind der Gaisberg, der Mönchsberg und der Nonnberg.

Der berühmteste Sohn der Stadt ist **Wolfgang Amadeus Mozart**. Salzburg wird deshalb auch **die Mozartstadt** genannt.

Mozart wurde 1756 in Salzburg geboren. Sein **Geburtshaus** in der **Getreidegasse** wird jedes Jahr von **Hunderttausenden** Menschen besucht. Nicht nur die Mozartkugel, sondern auch viele Gebäude und Institutionen sind nach dem berühmten Komponisten benannt. Mozart zog später nach Wien, wo er mit nur 35 Jahren starb.

Die Festung **Hohensalzburg** liegt über der Stadt und ist ein beliebtes Postkartenmotiv. Von oben hat man einen fantastischen Blick.

Mit dem Bau der Burg wurde schon 1077 begonnen!

Die **Salzburger Festspiele** sind weltweit bekannt. Sie finden jedes Jahr im Juli und August statt. 6 Wochen lang kann man 200 klassische Konzerte, Theater- und Opernaufführungen besuchen.

Mit dem Auto kommt man in nur 30 Minuten in die Berge. Hier kann man im Winter Ski fahren und im Sommer wandern.

Mitten durch Salzburg fließt die **Salzach**. Früher wurde der Fluss für den Transport von Salz genutzt. Er ist rund 225 km lang und fließt durch Österreich und Deutschland.

In der Nähe von Salzburg liegt die Region **Salzkammergut**. Wunderschön und sehr bekannt ist **Hallstatt** am **Hallstätter See**. Der Ort, der aussieht wie auf einer Postkarte, ist UNESCO-Weltkulturerbe. Jedes Jahr kommen deshalb mehr als eine halbe Million Besucher/-innen hierhin. Zu viele für das kleine Dorf. Es hat nur ca. 800 Einwohner/-innen!

4 DIE LETZTE KÜCHENMASCHINE

Alle ihre Freundinnen haben so eine. Und jede hat ihr erzählt, wie toll sie ist und dass sie sich ein Leben ohne sie gar nicht mehr vorstellen kann. Die Küchenmaschine kann **Teig kneten**, Milchshakes mixen, Marmelade oder Suppe kochen, Brot backen, Zwiebeln schneiden und vieles mehr. Nach dem Kochen macht sie sich sogar alleine sauber.

Fehlt nur noch, dass sie den Boden putzt. Aber sie hat auch einen **Nachteil**[1]: Sie ist teuer, sehr teuer. Und nun gibt es eine solche Küchenmaschine im Supermarkt. Natürlich nicht das Original, sondern nur ein Imitat. Aber dafür kostet sie auch nicht so viel. Katrin hofft, dass sie noch eine bekommt. Denn als sie endlich in das Geschäft gehen kann, ist es schon früher Nachmittag. Es kann also sein, dass schon alle Maschinen verkauft sind. Schnell geht sie zu den Tischen mit der **Aktionsware**[2].

der Karton

Und sie hat Glück: Ein letzter **Karton** steht noch da. Katrin nimmt den Karton und liest, was darauf steht. Kann diese Küchenmaschine wirklich alles, was das Original kann? Aber Katrin kommt gar nicht dazu, den ganzen Text zu lesen. Plötzlich **stößt**[3] ihr jemand von hinten einen **Einkaufswagen** gegen die Beine, sie geht zu Boden. Den Karton hält sie dabei aber fest in den Händen. Eine elegante, weißhaarige alte Dame steht über ihr und versucht, ihr den Karton mit der Küchenmaschine wegzunehmen. Aber Katrin denkt gar nicht daran, den Karton herzugeben. Da nimmt die alte Dame ihre Handtasche und **schlägt**[4] Katrin damit zweimal **kräftig**[5] auf den Kopf. Sofort **lässt** Katrin den Karton **los**[6] und hält sich die Hände vors Gesicht. Was für eine brutale Frau! Die alte Dame kümmert sich gar nicht weiter um sie, stellt den Karton in ihren Einkaufswagen und geht damit in Richtung Kasse.

Und sie hat Glück ...

große Box aus Pappe

Katrin ist erst sechsunddreißig Jahre alt, gesund und sportlich. Aber es dauert doch einige Zeit, bis sie wieder aufstehen kann. Ihre Beine tun weh. Außerdem hat sie Kopfschmerzen. So schnell sie kann, läuft sie nach vorne zur Kasse. Hier erzählt sie dem Verkäufer, was gerade passiert ist. Der ist **fassungslos**[7] und meint: „**Kein Wunder, dass**[8] es

1 **der Nachteil** - Minuspunkt, negativer Aspekt

2 **die Aktionsware** - Artikel, den man nur kurze Zeit kaufen kann

3 **stoßen** - schnell und stark drücken

4 **schlagen** - die Hand oder einen Gegenstand schnell und stark auf etwas ‚werfen'

5 **kräftig** - schnell und mit viel Energie

6 **loslassen** - die Hände öffnen

7 **fassungslos** - ohne jedes Verständnis

8 **Kein Wunder, dass ...** - Jetzt verstehe ich auch, warum ...

die Frau so eilig hatte. Nein, ich kenne sie nicht. Hier hat sie noch nie eingekauft. Soll ich die Polizei anrufen?" Aber das will Katrin auch nicht. Traurig und ohne Küchenmaschine geht sie nach Hause.

Am Abend telefoniert sie lange mit ihrem Freund Jens. Natürlich erzählt sie ihm ganz genau von der Sache mit der Küchenmaschine. Es tut gut, seine **Stimme**[9] zu hören. Langsam wird sie wieder ruhiger. Und Jens weiß, was Katrin jetzt braucht: „Hör mal, was hältst du davon, wenn wir am Sonntagmittag aufs Kiliani-Fest gehen? Abends sind wir bei deiner Mutter zum Essen eingeladen. Danach können wir uns das **Feuerwerk** anschauen, mit dem das Fest zu Ende geht. Wenn man bei meiner Mutter im Garten steht, kann man es immer gut sehen. Was meinst du?" Katrin gefällt Jens' Idee. Sie freut sich darauf, Jens' Mutter kennenzulernen. Und sie geht gerne aufs **Kiliani-Fest**[10]. Bei den schnellen **Fahrgeschäften** wird ihr zwar immer schlecht, aber eine Fahrt mit Jens im **Riesenrad** ist bestimmt romantisch.

das Riesenrad

Show mit vielen schönen Lichtraketen

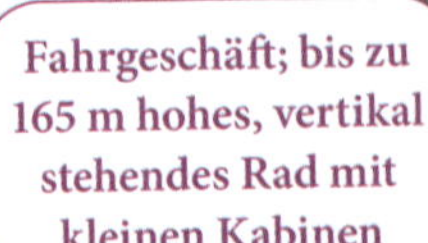

Fahrgeschäft; bis zu 165 m hohes, vertikal stehendes Rad mit kleinen Kabinen

Am Sonntagmittag fahren Katrin und Jens mit der „Straba", wie die Würzburger ihre Straßenbahn nennen, zur Talavera, dem großen Festplatz. Der Himmel ist voller Wolken, aber es sieht nicht nach Regen aus.

der Steckerlfisch

auf einem kleinen Holzstück gegrillter Fisch; typisches Essen für Volksfeste

Sie setzen sich vor ein **Festzelt** und lassen sich erst einmal einen **Steckerlfisch** und ein Bier schmecken. Dann **schlendern**[11] sie über das Kiliani-Fest und sehen sich alles ganz genau an. Und die Fahrt mit dem Riesenrad ist wirklich sehr romantisch.

Von oben kann man über den **Main** und ganz Würzburg sehen. Gegen 20:00 Uhr machen sie sich zu Fuß auf den Weg zu Jens' Mutter. Nach einer Viertelstunde sind sie schon da. Katrins Herz **klopft**[12], als sie vor dem Haus von Jens' Mutter stehen. Hoffentlich ist die Mutter nett. Von ihren Freundinnen hat Katrin schon schlimme Geschichten über böse **Schwiegermütter**[13] gehört. Doch als die Tür aufgeht, denkt Katrin nur: ‚Oh, nein! So schlimm ist es bestimmt bei keiner meiner Freundinnen!'

9 **die Stimme** – das, was beim Sprechen, Singen und Lachen aus dem Mund kommt

10 **das Kiliani-Fest** – Volksfest das jedes Jahr in Würzburg stattfindet und zwei Wochen dauert

11 **schlendern** – langsam gehen

12 **klopfen** – ‚bum, bum' machen

13 **die Schwiegermütter (Plural von ‚die Schwiegermutter')** – die Mutter des Mannes oder der Frau

der Main

Fluss in Würzburg

Über den Main führt die **Alte Mainbrücke.** Sie ist die älteste Brücke in Würzburg.

Das Neumünster ist eine Kirche, die ca. im Jahr 1000 gebaut und von 1710 – 1788 im Barockstil verändert wurde.

Denn wer steht dort und **lächelt**[14] freundlich? Die **rabiate**[15] Frau aus dem Supermarkt!

Katrin ist sich nicht sicher, ob die alte Dame sich noch an sie erinnert. Denn sie **begrüßt**[16] Katrin ganz herzlich, drückt ihr die Hand und sagt: „Katrin, ich freue mich sehr, Sie endlich kennenzulernen. Jens hat mir ja schon so viel von Ihnen erzählt."

Was soll sie nur tun? Die Geschichte von der Küchenmaschine erzählen? Oder fragen, wo sie immer einkaufen geht?

Lieber nicht. Es soll doch ein netter Besuch werden.

Das Abendessen ist sehr lecker. Jens' Mutter hat extra Fränkischen **Sauerbraten**[17] gemacht. ‚Mit so einer tollen Küchenmaschine ist das natürlich auch nicht schwierig', denkt Katrin. Aber eigentlich ist Jens' Mutter wirklich sympathisch. Sie unterhalten sich gut. Und plötzlich ist es 23.00 Uhr und das Feuerwerk fängt an. Als Jens sie gegen 0:00 Uhr nach Hause bringt, ist Katrin sich gar nicht mehr sicher, dass die Dame im Supermarkt wirklich Jens' Mutter war. Diese nette alte Dame und die rabiate Frau aus dem Supermarkt - das passt einfach nicht zusammen. Das müssen doch zwei verschiedene Personen sein!

Katrin und Jens treffen sich erst am Mittwoch wieder. Als er abends zu ihr kommt, hat er ein großes Paket unter dem Arm. Schon an der Tür hält er es ihr hin und sagt: „Das soll ich dir geben. Mit lieben Grüßen von meiner Mutter." Langsam öffnet Katrin das Paket. Sie weiß ja schon, was drin ist. Die Küchenmaschine! Jens erklärt: „Sie hat mir alles erzählt. Und es tut ihr wirklich leid."

14 **lächeln -** ein freundliches Gesicht machen, ohne Ton lachen

15 **rabiat -** gewalttätig, brutal

16 **jmdn. begrüßen -** ‚Hallo' (und ‚Herzlich willkommen') sagen

17 **der Sauerbraten -** Stück Fleisch, das mehrere Tage in Essig und andere Zutaten gelegt wird, bevor es in den Ofen kommt; typisch für viele Regionen Deutschlands

5 FLUCHT VOR DER FASTNACHT

„**Helau**!“

kindisch, gespielt lustig

‚Nicht mit mir‘, denkt Marco. Er schaut auf die Gruppe, die unter seinem Fenster vorbeigeht. ‚Alle in **Kostümen**, alle laut und alle **albern**. Das **spare** ich **mir**[1] jetzt. Die letzten Tage waren schon schlimm genug.‘ Er zieht seine Jacke an und geht zur Wohnungstür. ‚Habe ich alles?‘, fragt er sich. Sein Schlüssel, sein Portemonnaie und seine Zugfahrkarte liegen schon da.

das Kostüm

Kleidung, durch die man wie eine bestimmte Person oder ein Tier aussieht (z. B. ein Schwein)

1 **sich etw. (Akk.) sparen** – etw. nicht machen, weil man es unwichtig oder schlecht findet

Schnell steckt er alles in eine **Umhängetasche** und nimmt seinen Koffer. Als er die Tür von außen abschließt, kommt gerade seine Nachbarin mit ihren beiden Söhnen die Treppe hinunter. Einer hat ein Piratenkostüm an, sein Bruder ist als Cowboy **verkleidet**[2]. Marco **grüßt**[3] und denkt: ‚Schon **Rosenmontag**[4]. Zeit, dass ich hier wegkomme.'

Zum Bahnhof ist es nicht weit: Er geht die Lessingstraße entlang, dann auf den Kaiser-Wilhelm-Ring und schon steht er vor dem Hauptbahnhof. Es ist noch früh, Marco hat noch etwas Zeit. Also holt er sich einen Kaffee und schaut auf die verkleideten Kinder und Erwachsenen und denkt: ‚Zwei Jahre wohne ich jetzt schon in Mainz. Aber an die Fastnacht kann ich **mich** einfach nicht **gewöhnen**[5].' In den letzten beiden Jahren ist er immer eine ganze Woche weggefahren, aber in diesem Jahr hatte Marco zu viel zu tun.

Der Mainzer Rosenmontagszug (kurz: der Umzug) ist eine Karnevalsparade am Rosenmontag. Jedes Jahr kommen fast 10.000 aktive Teilnehmer/-innen und mehr als 500.000 Zuschauer/-innen. Der erste Umzug fand 1838 statt.

Parade an Karneval

'Noch ist es ja nicht zu spät. Wenn der **Rosenmontagszug** anfängt, bin ich weg.'

Als er seinen Kaffee ausgetrunken hat, merkt er, dass seine Umhängetasche fehlt. Er sieht gerade noch, wie ein Mann in einem Affenkostüm wegläuft. „Hey, anhalten. Ein **Dieb**[6]!", ruft Marco. Doch niemand kümmert sich um ihn und der Dieb ist längst weg. 'Ohne Fahrkarte keine Fahrt. Ohne Geld keine **Flucht**[7] vor der Fastnacht. Was nun?', fragt sich Marco. Da sieht er einen Mann in einem Polizisten-Kostüm und denkt: 'Gute Idee. Bei der Polizei hilft man mir ganz sicher.'

So gut ist die Idee aber doch nicht. Als Marco vor dem Polizeirevier in der Altstadt ankommt, steht hier schon eine lange **Schlange**[8]. „Das wird heute nichts mehr", sagt der Mann vor ihm. „Die meisten Polizisten sind beim Umzug und hier ist einfach zu viel los. Keine Chance!" Marco wartet noch einen Moment, aber er kommt keinen Meter weiter. Es ist -10 Grad und der Wind ist **eiskalt**[9]. Also geht auch er wieder.

2 **verkleidet** – mit einem Kostüm
3 **grüßen** – 'Hallo' oder 'Guten Tag' sagen
4 **der Rosenmontag** – Montag vor Aschermittwoch (dem ersten Tag der siebenwöchigen Fastenzeit vor Ostern)
5 **sich an etw. (Akk.) gewöhnen** – etw., das man nicht mag, so oft sehen, dass man es normal und auch nicht mehr so schlimm findet
6 **der Dieb** – Person, die etw. ohne Erlaubnis mitnimmt
7 **die Flucht** – weglaufen vor etw., vor dem man Angst hat
8 **die Schlange** – (hier:) Reihe, in der man wartet, z. B. an der Kasse im Supermarkt
9 **eiskalt** – sehr kalt

Als er in der Kaiserstraße steht, ärgert er sich. ‚Der Umzug. Wie konnte ich das nur vergessen. Hier komme ich ja gar nicht durch.' Überall um ihn herum sind verkleidete Menschen, dazwischen Marco mit seinem Koffer.

die Trommel

lautes Musikinstrument: großer Ring mit einer Haut, auf die man mit zwei Stöcken schlägt

die Flöte

Musikinstrument mit Löchern für die Finger, das man mit Luft spielt

Genau neben ihm steht eine Polizistin, aber Marco sieht sie nicht. Er hört nur **Trommeln**, **Flöten** und lautes Singen und Rufen. Ein **Bonbon** fliegt ihm an den Kopf. ‚Jetzt habe ich aber wirklich genug. Ich muss zurück nach Hause.'

das Bonbon

in buntes Papier eingepackte kleine Süßigkeit; wird auf dem Rosenmontagszug in großer Menge von den Wagen geworfen

Normalerweise braucht Marco von hier aus nicht einmal fünf Minuten. Heute dauert es eine Stunde.

Jetzt schnell rein in seine ruhige, schöne Wohnung! Doch vor dem Haus fällt ihm ein, dass auch sein Schlüssel in der Umhängetasche ist. Und die hat ja der Dieb. Marco **klingelt** bei der Nachbarin, doch niemand öffnet. Auch im ersten und im dritten Stock ist niemand da.

klingeln

Auf einen Schalter neben der Tür drücken. Im Haus gibt es dann ein Signal und man weiß, dass jemand vor der Tür steht.

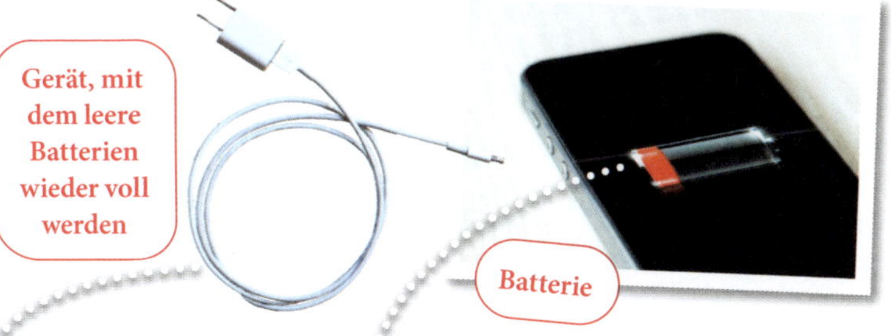

‚Dann muss ich einen **Schlüsseldienst**[10] anrufen', denkt Marco. Doch der **Akku** seines Smartphones ist leer. Und das **Ladegerät** ist – in der Umhängetasche. Müde setzt Marco sich auf seinen Koffer. Dann versteckt er ihn neben dem Haus. Was nun?

Am besten läuft er erst einmal ein Stück. Marco ist so **in Gedanken**[11], dass er gar nicht merkt, wohin er geht. Plötzlich steht er wieder vor dem Umzug. Es ist noch kälter geworden. Marco **friert**[12]. „Du bist ja gar nicht verkleidet", meint ein Mann in seinem Alter. „Aber egal. Komm trotzdem mit." Er nimmt ihn am Arm und geht mit ihm zu seinen Freunden. Zusammen lassen sie den Umzug hinter sich und gehen in die Augustinerstraße in eine der **Kneipen**[13]. „Willst du ein Bier?", fragt einer aus der Gruppe. „Ich weiß nicht", antwortet Marco unsicher. „So früh am Morgen?" Er erzählt seine Geschichte. „Logisch, dass du dich ärgerst und nicht so gut gelaunt bist. Trink mal ein Bier. Dann geht es dir besser. Wir laden dich ein, heute ist doch **Fassenacht**[14]", meint ein anderer. Aus dem einen Bier werden zwei und dann gehen sie weiter – zur nächsten Kneipe.

10 **der Schlüsseldienst** – Service, der die Tür öffnen kann, wenn man seinen Schlüssel verloren hat
11 **in Gedanken** – unaufmerksam, man konzentriert sich nicht
12 **jmd. friert** – jmdm. ist kalt
13 **die Kneipe** – einfache, kleine Bar, in der vor allem Alkohol getrunken wird
14 **die Fassenacht** – (Mainzer Dialekt:) Fastnacht

Zwischen der vierten und fünften Kneipe gehen sie nicht mehr, sondern tanzen. Als sie dort ankommen, ist es schon Abend. In der Kneipe ist es sehr voll. Trotzdem tanzen auch hier fast alle. In der Menge sieht Marco eine Krankenschwester. Natürlich keine richtige, sondern eine verkleidete. ‚Wie schön sie tanzt', denkt er. Eigentlich ist er eher **schüchtern**[15], aber heute ist sowieso alles egal. ‚Wie soll ich sie nur **ansprechen**[16]?', fragt er sich. ‚Ich weiß es: Ich sage ihr einfach, dass ich krank bin.'

Er tanzt in ihre Richtung. Bevor er etwas sagen kann, kommentiert sie **gelangweilt**[17]: „Wahrscheinlich willst du mir jetzt erklären, dass du krank bist, oder?" „Nein", lügt Marco, „ich wollte nur fragen, wie du heißt." „Auch nicht gerade kreativ, aber wenigstens etwas anderes", sagt sie. „Ach ja: Ich bin Sabine." „Schade, dass du keine Polizistin bist. Dann könntest du mir helfen", meint Marco. „Wie denn das?", will Sabine wissen. So langsam findet sie ihr Gespräch doch interessant. Da erzählt Marco ihr, was passiert ist. Als er mit seiner Geschichte fertig ist, fragt er: „Willst du mit mir tanzen?" Und sie will.

Ab diesem Zeitpunkt tanzen sie den ganzen Abend. Die Männer, mit denen Marco in den anderen Kneipen war, sind längst wieder gegangen. Es wird Nacht. Noch immer tanzen Sabine und Marco. Irgendwann werden sie dann doch müde. „Ich bringe dich nach Hause", sagt Marco. „Oh, ein Gentleman", freut sich Sabine. Sie wohnt ganz in der Nähe in der Terrassenstraße. Als sie dort ankommen, meint Marco: „Eigentlich wollte ich heute Morgen ja vor der Fastnacht **fliehen**[18]. Aber jetzt bin ich froh, dass daraus nichts geworden ist. Sonst hätten wir uns nicht getroffen."

„**Schicksal**[19]!“, sagt Sabine und lacht.

„Kann ich bei dir schlafen?“, fragt Marco.

„Oh, ganz schön **forsch**[20]!“, antwortet Sabine.

„Nein, nein, versteh mich nicht falsch“, beeilt sich Marco zu sagen: „Eigentlich bin ich eher schüchtern. Aber der Dieb von heute Morgen hat mir nicht nur mein Geld und meine Fahrkarte, sondern auch meinen Schlüssel gestohlen. Deshalb komme ich jetzt nicht in meine Wohnung.“

Sabine sagt: „Okay, komm hoch. Übrigens kennst du meine Geschichte ja noch gar nicht. Im richtigen Leben bin ich Polizistin. Morgen finde ich den Dieb im Affenkostüm für dich.“

15 **schüchtern -** vorsichtig; man hat Angst, mit anderen zu sprechen

16 **jmdn. ansprechen -** ein erstes Wort/einen ersten Satz zu einer anderen Person sagen, um mit ihr ein Gespräch anzufangen

17 **gelangweilt -** nicht interessiert

18 **fliehen -** weggehen, -fahren oder -laufen

19 **Schicksal! -** Es kommt, wie es kommen muss!

20 **forsch -** nicht schüchtern; energisch, resolut

6 DER BESTE KUCHEN DER WELT

die Radtour
längere Fahrt mit dem Fahrrad

„Schau mal, was ich gefunden habe! Weißt du noch?“ Judith zeigt ihrem Mann Thomas ein Foto.

„Ja, klar! Das war doch auf unserer **Radtour** um den Bodensee. Vor… - warte mal, ja, vor acht Jahren!“ Thomas nimmt ihr das Foto aus der Hand, sieht es an und **lächelt**[1]. „Eigentlich wollten wir eine große Radtour machen, vom **Hohentwiel**[2] nach Überlingen und dann an der Ostseite des Bodensees bis nach Lindau. Aber dann haben wir unterwegs dieses romantische **Gasthaus**[3] gefunden. Dort hat es uns so gut gefallen, dass wir gar nicht mehr weitergefahren sind. Wir haben auf der Terrasse gesessen und die schöne **Aussicht** über den Bodensee bis hinüber in die Schweiz **genossen**[4] …“

Panorama; Möglichkeit, weit über das Land zu sehen

der Zwetschgenkuchen
Kuchen mit Zwetschgen, einer blauen Obstsorte

die Schlagsahne
fetter Teil der Milch; wird so lange gemixt, bis sie fest wird

Judith ergänzt: „… und leckeren selbstgemachten **Zwetschgenkuchen** gegessen. Mit viel **Schlagsahne**. Lecker! So einen guten Kuchen habe ich nie wieder gegessen. Und dann am Abend der **Sonnenuntergang**[5] hinter dem See. Weißt du noch? Das war so schön!" Nach einer Pause sagt sie: „Eigentlich wollten wir dort noch einmal hinfahren."

Thomas sieht seine Judith an und lächelt: „Denkst du auch, was ich denke? Komm, wir machen am Wochenende die gleiche Radtour noch einmal. Das Wetter soll schön werden. Jetzt, Anfang Oktober, ist es nicht mehr so heiß. Die Bäume haben bunte Blätter, die Luft ist frisch und der See blau... Und noch ist Zwetschgenkuchenzeit!"

Judith freut sich, meint aber: „Glaubst du, wir finden das Gasthaus wieder? Es liegt doch am Ende einer kleinen Straße in diesem großen Wald. Damals gab es an der Kreuzung nur ein altes Schild aus Holz. Das ist bestimmt schon kaputt. Und vielleicht gibt es das Gasthaus ja auch gar nicht mehr. Die **Wirtsleute**[6] waren doch schon ziemlich alt."

Doch die Idee, dieselbe Tour noch einmal zu machen, ist zu schön. Also fangen die beiden an zu packen. Als Judith und Thomas am frühen Samstagmorgen losfahren, ist es noch dunkel. Die Fahrräder haben sie oben aufs Auto gepackt. Judith ist sehr **aufgeregt**[7] und redet die ganze Fahrt über: „Erinnerst du dich an die schönen Blumen, die neben der Terrasse gestanden ha-

1 **lächeln** - ein freundliches Gesicht machen; ohne Ton lachen
2 **der Hohentwiel** - Burgruine in der Nähe von Singen
3 **das Gasthaus** - einfaches Restaurant
4 **etw. (Akk.) genießen** - sich über etwas Gutes freuen, z. B. Essen, Urlaub, Aussicht
5 **der Sonnenuntergang** - die Sonne geht am Abend hinter den Horizont
6 **die Wirtsleute (Pl.)** - Leute, denen ein Gasthaus gehört
7 **aufgeregt** - nervös

ben? So viele Farben! Und dahinter sind ein paar **Hühner** und ein **Hahn** unter den Zwetschgenbäumen herumgelaufen. Es war fast wie in einem alten Film!"

das Huhn, Plural: die Hühner – Vogel, von dem unsere Frühstückseier kommen; der Hahn – Mann des Huhns

Als sie am Hohentwiel ankommen, ist es kurz nach acht Uhr. Es bleibt also genug Zeit, die **Festungsruine** zu besuchen und von dort die tolle Aussicht zu genießen. Sie sitzen auf einer kleinen **Mauer**, essen ihr mitgebrachtes Frühstück und schauen auf die **Berggipfel** der Alpen. Heute ist es so klar, dass man sie vom Hohentwiel aus sehen kann.

Eine Stunde später fahren sie endlich mit den Fahrrädern los. Zuerst geht es **steil bergab**[8] nach Singen. Sie fahren so schnell, dass die kühle Morgenluft richtig wehtut. Aber sobald sie auf der **Ebene** sind, wird es wärmer. Die Sonne scheint, sie können sogar ihre Jacken ausziehen. Das Wetter ist wirklich schön: Der Himmel ist blau, ohne die kleinste Wolke. Die Bäume **leuchten**[9] in Gold und Rot. Und es riecht nach Herbst.

die Ebene

Land ohne Berge

die Festungsruine

Reste eines Schlosses aus dem Mittelalter (Zeit zwischen 500–1500)

der Berggipfel

höchster Punkt eines Bergs

die Mauer

Wand aus Stein

Judith und Thomas haben schon viele Radtouren zusammen gemacht und sind ein gutes Team. Manchmal, wenn es etwas Interessantes zu sehen gibt, machen sie eine kurze Pause. Beide genießen ihren Ausflug sehr.

Dann kommen sie in den Wald. Plötzlich ruft Thomas: „Hier müssen wir abbiegen!", und bleibt stehen. Von ihrem Weg geht ein **schmaler Pfad** nach links.
„Bist du sicher?", fragt Judith langsam. „Hier fährt doch fast nie jemand lang. Das sieht man doch. Ich glaube nicht, dass das richtig ist."

Aber Thomas ist sich ganz sicher. Er stellt sein Fahrrad an einen Baum und geht ein kleines Stück. „Da, schau mal! Hier ist auch unser altes Schild!" Und wirklich. An einem Baum hängt ein dicker **Pfeil**[10], auf dem in großen Buchstaben steht: Gasthaus zum Seeblick. „Siehst du, unser Gasthaus gibt es immer noch."

Da ist auch Judith **überzeugt**[11]. Beide nehmen wieder ihre Fahrräder und fahren los. Nun kann es nicht mehr lange dauern, dann sitzen sie wieder auf der Terrasse, essen leckeren Zwetschgenkuchen mit Schlagsahne und schauen über den Bodensee hinüber zu den Gipfeln der Schweizer Alpen.
Der kleine Pfad ist ziemlich **holprig**.

der schmale Pfad

sehr kleiner, nicht breiter Weg

holprig

nicht eben, mit vielen kleinen Steinen und Löchern

8 **steil bergab/bergauf** - stark nach unten/oben
9 **leuchten** - Licht von sich geben
10 **der Pfeil** - Linie mit einer Spitze an einem Ende, um auf etwas zu zeigen
11 **überzeugt** - sicher, weil jemand gute Argumente hatte

der Sonnenschirm

Schirm, um sich vor der Sonne zu schützen

Und Judith kann sich nicht erinnern, dass es zum Gasthaus so steil bergauf geht. Aber Thomas weiß genau, dass sie auf dem richtigen Weg sind. „Gleich sind wir da, nur noch ein paar Meter." Und er hat recht. Hinter der nächsten Baumgruppe sehen sie schon ein Stück vom Gasthaus. Endlich! Sie haben jetzt großen Durst und **geben** etwas **Gas**[12].

Als sie vor dem Gasthaus stehen, **wundert sich**[13] Judith. Hier sieht es aber gar nicht mehr so aus wie bei ihrem letzten Besuch! Die Terrasse ist leer. Keine **Sonnenschirme**, keine Tische und Stühle und auch keine Gäste. Auch Thomas hat es gemerkt: „Ich glaube, hier ist geschlossen." Beide sind sehr **enttäuscht**[14]. Sie stellen ihre Fahrräder an einen Baum neben der Terrasse und beraten, was sie nun machen sollen. „Wir haben doch noch etwas Brot. Lass uns auf der Terrasse ein kleines Picknick machen und dann fahren wir erst wieder zurück. So können wir wenigstens noch ein bisschen die Aussicht genießen", meint Judith.
Also setzen sie sich auf den Boden und packen ihren **Proviant**[15] aus. Als sie gerade essen wollen, hören sie, wie hinter ihnen eine Tür aufgeht. Eine Frau schimpft: „Was machen Sie denn hier? Sie dürfen sich hier nicht einfach so hinsetzen! Das ist doch kein öffentlicher Platz!" Sie ist **offenbar**[16] richtig **wütend**[17]. Doch Judith stört das gar nicht. Sie hat die Frau sofort **erkannt**[18]. Das ist doch Frau Haberkorn, die Wirtin des Gasthauses. Sie steht auf, geht auf die Frau zu und ruft: „Frau Haberkorn. Schön, Sie zu sehen!" **Verwundert**[19] sieht die Wirtin sie an: „Kenne ich Sie?" Da stellen Judith und Thomas sich vor und erzählen Frau Haberkorn von ihrem Ausflug

vor acht Jahren. Dass sie immer wiederkommen wollten und es jetzt erst geschafft haben. Und dass sie sich auf Frau Haberkorns Zwetschgenkuchen gefreut haben. Den besten Kuchen der Welt!

Frau Haberkorn lächelt **stolz**[20], als sie das hört. Seit ihr Mann vor sechs Jahren gestorben ist, sagt sie, musste sie das Gasthaus schließen. Nun lebt sie ganz allein in dem großen Haus. „Zwetschgenkuchen mache ich nicht mehr oft. Ich kann ihn alleine ja gar nicht essen", sagt sie. „Aber Sie werden es nicht glauben: Gerade heute Morgen hatte ich mal wieder Lust, einen Zwetschgenkuchen zu backen. Darf ich Sie dazu einladen?" Da sagen Judith und Thomas natürlich nicht Nein!

11 **Gas geben** – schneller fahren
12 **sich wundern** – nicht normal finden
13 **enttäuscht** – traurig, man sagt ‚schade'
14 **der Proviant** – mitgebrachtes Essen und Trinken für einen Ausflug
15 **offenbar** – wie man sofort sehen kann
16 **wütend** – sauer, böse
17 **jmdn. erkennen** – verstehen, wer jmd. ist
18 **verwundert** – irritiert, weil etwas anders gekommen ist, als man gedacht hat
19 **stolz** – man freut sich darüber, dass man etwas gut gemacht hat

Frau Haberkorns Zwetschgenkuchen-Rezept

So geht's:
Aus Mehl, Butter, Zucker, Backpulver, Vanillezucker und Ei einen Teig herstellen.
Die Zwetschgen waschen, in der Mitte durchschneiden und die **Steine** rausnehmen. Den Teig in eine Kuchenform legen. Darauf die Zwetschgen und die Mandeln geben.
Aus Mehl, Zucker, Butter und Zimt Streusel herstellen. Diese in kleinen Portionen auf den Kuchen geben.
Den Kuchen in den Backofen stellen und erst 10 Min. bei 200 C° und dann 50 Min. bei 150 C° backen.

Sie brauchen:
180 g Mehl, 80 g Butter, 80 g Zucker, 1/2 **TL Backpulver**, 2 TL **Vanillezucker**, 1 Ei
außerdem:
1/2 kg **Pflaumen/Zwetschgen**, 100 g klein geschnittene Mandeln, 150 g Mehl, 100 g Zucker, 100 g Butter, 1/2 TL **Zimt**

der Vanillezucker – Zucker, der mit Vanille gewürzt ist

TL (der Teelöffel = kleiner Löffel); das Backpulver – Mittel, damit ein Kuchen größer wird

der Zimt – Gewürz für Süßspeisen

der Stein – (hier:) Kern einer Frucht

7 EIN WOCHENENDE AUF RÜGEN

Es ist Donnerstagabend. Draußen ist es schon dunkel. Stefan schließt den Computer und **reibt** sich die müden Augen. „Ich kann nicht mehr. Ich will nur noch ins Wochenende." Seine Kollegin Julia, die ihm gegenüber sitzt, meint: „Mir geht es ebenso. Nichts wie raus hier. Am liebsten auf eine Insel. Ganz weit weg."

Stefan lacht: „Stell dir vor: Genau das werde ich am Wochenende machen." Julia schaut ihn **irritiert**[1] an. „Du fährst in Urlaub? Das hast du ja noch gar nicht erzählt. Wohin denn? Und wie lange?" „Nein, nein", erklärt Stefan. Ein Urlaub ist es eigentlich gar nicht. Ich fahre nur übers Wochenende weg. Nach Rügen." Da **wundert sich**[2] Julia nur noch mehr: „Nach Rügen? Jetzt im November? Bei der Kälte?" „Ja, sicher", sagt Stefan. „Gerade jetzt ist es dort **herrlich**[3]. Man geht am Strand spazieren und ist ganz alleine. Wenn der Wind so richtig stark ist, bekommt man den Kopf wieder frei - und neue Energie fürs Büro und den Alltag. Das würde dir sicher auch **guttun**[4]. Warum kommst Du nicht einfach mit?"

Julia **überlegt**[5]. Stefan und sie arbeiten jetzt schon seit fast einem Jahr zusammen und verstehen sich sehr gut. Aber privat haben sie sich noch nie getroffen. Und jetzt soll sie gleich mit ihm übers Wochenende auf eine Insel fahren? Ob das eine gute Idee ist? Aber laut sagt sie: „Hmm. Warum eigentlich nicht? Ich glaube, ich komme mit."

Am Freitagnachmittag fahren sie los. Die Fahrt mit dem Auto dauert ganze sechs Stunden. Erst geht es über die Autobahn, dann über kleinere Straßen und am Ende über eine Brücke auf die Insel. Aber sie haben sich viel zu erzählen und so vergeht die Zeit **wie im Flug**[6].

Vor einem kleinen Haus mit **Reetdach** hält Stefan **schließlich**[7] an. „Hier wohnen wir. Ich hoffe, du brauchst keine Luxus-Suite. Wir haben nämlich nur zwei einfache Privatzimmer. Bad und Toilette sind auf dem Flur. Aber die Baumanns, bei denen wir hier wohnen, sind sehr nett. Ich fühle mich bei ihnen immer richtig zu Hause."

1 **irritiert** – verwirrt, weil man etwas nicht normal findet
2 **sich wundern** – nicht normal finden
3 **herrlich** – wunderbar, toll
4 **jmdm. guttun** – gut für jmdn. sein
5 **überlegen** – etwas länger denken, um eine Lösung zu finden
6 **wie im Flug** – ganz schnell
7 **schließlich** – am Ende (der Reise)

das Reetdach

Dach, das aus Reet (einem dicken, getrockneten Gras) besteht

Eine ältere Frau mit einer dicken Brille öffnet die Tür. „Ach, da sind Sie ja endlich! Hatten Sie eine gute Fahrt?" **Ohne eine Antwort abzuwarten**[8], legt sie Julia ihren Arm um die **Schultern**[9] und führt sie ins Haus. „Jetzt kommen Sie erst mal rein. Nach der langen Reise müssen Sie ja großen Hunger haben. Ich habe Ihnen eine leckere Kartoffelsuppe gemacht. Mit Würstchen. Davon wird Ihnen wieder richtig warm."

Stefan hatte recht. Frau Baumann ist wirklich freundlich. Wie schön, dass sie hier ein paar Tage bleiben kann! Und auch Herr Baumann ist sehr sympathisch.

Nach dem Abendessen gehen Julia und Stefan sofort in ihre Zimmer und packen ihre Sachen aus. Als Julia über den Flur ins Bad geht, hört sie Frau Baumann im Wohnzimmer zu ihrem Mann sagen: „Also, das gefällt mir ja, dass der Junge wieder hier ist. Und ein nettes Mädchen hat er dabei. Jetzt können sie zu zweit nach **Hühnergöttern**[10] suchen."

Bitte? Hühnergötter? Kann es sein, dass es hier auf Rügen einen **heidnischen Kult**[11] gibt? Gerne würde sie ins Wohnzimmer gehen und Frau Baumann fragen. Aber sie ist schon im Pyjama und wirklich sehr müde.

In der Nacht hat Julia einen komischen Traum: Sie ist an Händen und Füßen **gefesselt**[12]. Vor ihr brennt ein Feuer. Und darum herum tanzen Menschen zu **Trommelmusik**. Auf der anderen Seite des Feuers steht ein **Totempfahl** in Form eines großen Vogels. Aber was ist das? Der Totempfahl fängt ja an zu tanzen – und das auch noch genau in ihre Richtung! Bald ist er so nah, dass Julia ihn genauer ansehen kann. Das ist doch ein Huhn! Also

der Totempfahl

Skulptur, die aus einem Baum geschnitzt und dann bunt angemalt wird; bekannt vor allem bei den indigenen Völkern Nordamerikas muss das der Hühnergott sein. Vor Julia bleibt der Hühnergott schließlich stehen, die Musik hört auf. Julia wartet nervös, was als Nächstes passiert. Da macht der Hühnergott auf einmal einen langen Hals. Sein spitzer **Schnabel**[13] kommt genau auf sie zu und ... klopft neben ihrem Ohr gegen den Pfahl. Tock-tock-tock. Immer lauter wird das Klopfen.

Mit einem Ruck[14] wird Julia wach. Ein Glück! Das Klopfen kommt gar nicht von dem Hühnergott, sondern von Stefan. Er steht vor ihrer Zimmertür und ruft: „Guten Morgen, Julia, aufstehen! Es gibt Frühstück!"

Gemeinsam mit den Baumanns sitzen Julia und Stefan in der großen Küche, essen in aller Ruhe und reden, bis es fast Mittag ist. Schließlich meint Stefan: „Wenn wir heute noch raus wollen, sollten wir langsam los. In vier Stunden wird es schon wieder dunkel."

Nach nur 10-minütiger Autofahrt hält Stefan schon wieder an. Von ihrem Parkplatz führt eine lange Holztreppe hinunter an den Strand. Als Julia aus dem Auto steigt, fährt ihr sofort ein kalter Wind ins Gesicht.

Sie ist froh, dass sie ihre dicke Winterjacke, Mütze, Schal und warme Handschuhe angezogen hat.

die Trommelmusik

Musik auf einem lauten Instrument – einem großen Ring mit einer Haut, auf die man mit zwei Stöcken schlägt

8 **ohne eine Antwort abzuwarten** – einfach weiterreden, ohne dass der andere etwas sagen kann

9 **die Schulter** – oberster Teil des Rückens

10 **der Hühnergott** – (wörtl.:) Gott in Form eines Huhns oder Gott, der sich um die Hühner kümmert

11 **der heidnische Kult** – Traditionen aus der Zeit vor dem Christentum

12 **gefesselt** – jmd. ist mit einem Seil so fest zusammengebunden, dass er sich nicht mehr bewegen kann

13 **der Schnabel** – ‚Mund' eines Vogels

14 **mit einem Ruck** – plötzlich

Gemeinsam gehen Julia und Stefan den **steinigen** Strand entlang. Auf der linken Seite liegt der **Königsstuhl**, die berühmten **Kreidefelsen** von Rügen.

Auf der rechten Seite **erstreckt sich** das Meer. Alles sieht heute ganz anders aus als auf den Bildern, die die Fotografen sonst immer von Rügen machen. Für die typischen Touristen müssen es ja immer ein blauer Himmel, leuchtend weiße Felsen und grüne Bäume sein. Heute aber ist alles grau in grau. Aber gerade dadurch geht von dieser Landschaft eine tiefe Ruhe aus. Julia fühlt sich froh und frei und **hakt sich bei Stefan unter**. Der bleibt stehen, zeigt auf die Kreidefelsen am Strand und erklärt: „Diese Felsen haben hier schon gelegen, als es auf der Erde noch gar keine Pflanzen und Tiere gab. Nur das Wasser war damals voller Leben. Die toten Pflanzen und Tiere sind auf dem Meeresboden liegen geblieben, das Meer hat sie ans Land gebracht. So sind mit der Zeit diese weißen Wände entstanden." Dann zeigt Stefan auf ein paar kleine Steine zu ihren Füßen.

die Kreidefelsen (Pl.)
große weiße Steine, Sehenswürdigkeit von Rügen

Die Kreidefelsen von Rügen liegen im Nationalpark Jasmund an der Nordostküste. Der größte Felsen ist fast 120 m hoch.

sich erstrecken
(von etwas Großem:) liegen

sich bei jmdm. unterhaken
den eigenen Arm in den Arm eines anderen legen

steinig
voller Steine

das Loch

offene Stelle in einem Material

„Und hier haben wir einen **Hühnergott**."
Julia sieht den kleinen Stein an und lacht. Na, so etwas! Der Hühnergott ist also nichts anderes als ein Stein! Sie muss wieder an ihren Traum denken. Aber davon erzählt sie Stefan lieber nichts!
„Wieso heißt dieser Stein eigentlich Hühnergott?", will Julia wissen. Stefan zeigt ihr ein rundes **Loch** im Stein und erklärt: „Früher haben die Menschen auf Rügen noch an **böse Geister**[15] geglaubt. Wenn sie aber einen dieser Steine an ihr Hühnerhaus gehängt haben, konnten die Geister ihren Tieren nicht mehr gefährlich werden."
„Und du sammelst solche Hühnergötter?", fragt Julia.
„Nein", antwortet Stefan. „Ich nehme sie nur für Freunde mit. Sie sind doch ein schönes **Mitbringsel**[16], findest du nicht? Vielleicht möchtest du diesen Hühnergott ja als Souvenir mitnehmen?"
Julia **schüttelt den Kopf**[17]: „Nein, danke. Aber von den rosa Steinen würde ich wirklich gerne einen mitnehmen. Die finde ich schön."
Da **lächelt**[18] Stefan, sucht mit einer Hand in seiner Jackentasche, holt etwas heraus und hält Julia die geschlossene Hand hin. „Dann habe ich genau das Richtige für dich", sagt er und öffnet die Hand. Julia freut sich: „Ein rosa Stein. Und sieh nur – er hat die Form eines Herzens!"
Da nimmt Stefan Julia in den Arm, gibt ihr einen Kuss auf ihre kalte Nase und lacht. „Genau deshalb schenke ich ihn dir ja."

15 **der böse Geist –** Dämon
16 **das Mitbringsel –** kleines Geschenk, das man aus dem Urlaub mitbringt
17 **den Kopf schütteln –** den Kopf nach links und rechts bewegen, Zeichen für ‚Nein'
18 **lächeln –** ein freundliches Gesicht machen, ohne Ton lachen

Die Insel Rügen

... liegt in der **Ostsee** und ist durch die 4,1 km lange **Rügenbrücke** mit dem Festland verbunden.

Meer in Nordosteuropa, das von der Nordsee und dem Atlantik fast ganz abgeschlossen ist

Rügen hat fast 80.000 Einwohner/-innen und ist die größte Insel Deutschlands.

Mit der Fähre kann man von Rügen nach Dänemark, Schweden oder Litauen reisen.

Nicht ganz so lang wie die Rügenbrücke, aber trotzdem sehr bekannt ist die **Seebrücke** von **Sellin**. Sie ist fast 400 Meter lang.

Das **Ostseebad Sellin** war zwischen 1800 und 1900 ein eleganter Kur- und Badeort. Einige **historische** Häuser aus dieser Zeit stehen noch.

historisch

alt, aus früheren Zeiten

Auf Rügen wächst der **Sanddorn**. Die orangefarbene Beere hat viel Vitamin C und wird deshalb auch **Zitrone des Nordens** genannt. Auch auf anderen Inseln an Nord- und Ostsee kann man Sanddornbeeren sammeln.

Sanddorn schmeckt sehr intensiv und etwas sauer. Man kann daraus Säfte, Tees und Marmeladen, aber auch Seife und Öl herstellen.

Eine bekannte Sehenswürdigkeit ist der **Circus** in der Stadt **Putbus**, ein runder Platz mit weißen Häusern im klassizistischen Stil. Wegen dieser Häuser heißt Putbus auch die **weiße Stadt**.

In Putbus kann man in den **Rasenden Roland** steigen, eine historische Dampflokbahn, die es schon seit 1895 auf der Insel gibt. Sie fährt mit maximal 30 km/h!

8 GUDRUN TRINKT NUR TEE

„Schnell, Mama, nimm den Kopf runter! Da kommt die **Spaßbremse**[1].“ Aber zu spät. Gudrun hat sie schon gesehen. Durch den engen Bus kommt sie auf Sarah und ihre Mutter Heidi zu und lässt sich auf den Platz hinter ihnen fallen. „Na, so ein **Zufall**[2]!“, sagt sie. Das ist ja toll, dass ihr beide heute auch nach Rothenburg fahrt. Da können wir ja zusammen über den **Weihnachtsmarkt** gehen.“

Heidi meint freundlich: „Gerne, Gudrun. Wir gehen aber nur ganz kurz auf den **Reiterlesmarkt**. Denn eigentlich fahren wir nach Rothenburg, weil wir in das Kriminalmuseum möchten.“

Man sieht gleich, dass das Gudrun nicht besonders gefällt: „Ihr geht in ein Museum, nicht auf den Weihnachtsmarkt? Wieso das denn?“

Heidi erklärt: „Sarah war noch nie in dem Museum. Ich wollte es ihr immer schon zeigen.

Da passt es gut, dass heute die Busfahrt nach Rothenburg ist. Zuerst frühstücken wir auf dem Weihnachtsmarkt und danach gehen wir ins Museum. Wir interessieren uns vor allem für die **mittelalterlichen**[3] **Folterinstrumente**[4]."

Das kann Gudrun wirklich nicht verstehen: „Wenn ihr meint … Aber das müsst ihr schon alleine machen. Nur frühstücken können wir ja noch zusammen." Damit ist das Gespräch für sie beendet. Sie setzt sich gerade hin und blickt aus dem Fenster.

Nach zwei Stunden Fahrt kommen sie an. Heidi und Sarah spazieren durch die weihnachtliche Altstadt. Eine Reise nach **Rothenburg** ist zu jeder Jahreszeit interessant. Durch die **Stadtmauer**[5] mit den **Türmen**[6] und **Toren**[7] und die vielen alten Häuser und Plätze fühlt man sich immer wie im Mittelalter. Aber in der **Adventszeit** ist Rothenburg besonders schön. Heidi und Sarah gehen an den **Buden**[8] des Weihnachtsmarktes vorbei. Gudrun läuft ohne ein Wort hinter ihnen her.

Rothenburg liegt in Süddeutschland und hat eine sehr schön restaurierte Altstadt.

die Adventszeit – vier Wochen vor Weihnachten, in denen man sich mit vielen Traditionen auf Weihnachten vorbereitet und die Häuser festlich dekoriert

1 **die Spaßbremse** - (ugs.) jmd., der einem jeden Spaß kaputt macht

2 **der Zufall** - etwas, womit man nicht gerechnet hat, passiert plötzlich

3 **mittelalterlich** - aus dem Mittelalter, Zeit zwischen 500 und 1500

4 **das Folterinstrument** - Gegenstand, der speziell dafür gemacht wurde, dass andere Menschen starke Schmerzen bekommen

5 **die Stadtmauer** - ringförmige Wand um das Zentrum einer Stadt

6 **der Turm** - hoher, dünner Teil einer Stadtmauer; von hier aus kann man gut über das Land um die Stadt sehen

7 **das Tor** - große Tür, durch die auch ein Auto passt

8 **die Bude** - (hier:) sehr kleines Haus mit nur einem Raum, an dem Souvenirs und Snacks verkauft werden

der Glühwein

warmer Wein mit Gewürzen, wird aus Rotwein und manchmal auch aus Weißwein gemacht

gebrannte Mandeln (Pl.)

in Zucker karamellisierte Mandeln, typisch für Weihnachtsmärkte

Die Luft ist klar und kalt. Es riecht nach **Glühwein**, **gebrannten Mandeln**, Bratwurst und vielem mehr. An ein paar **Bierbänken**[9] bleibt Heidi stehen: „Ich würde sagen: Hier machen wir unser Weihnachtsmarktfrühstück!" Gudrun schimpft natürlich gleich wieder: „Hier? Im Freien? Auf Bierbänken?" Aber da ihr niemand antwortet, fragt sie etwas freundlicher: „Was ist eigentlich ein Weihnachtsmarktfrühstück?"

Ruhig erklärt Heidi: „Hier, in Rothenburg, besteht es aus **Rothenburger Schneeballen** und weißem Glühwein. Den Rothenburger Spezialitäten auf dem Reiterlesmarkt."

der Rothenburger Schneeballen

süße Backware, Spezialität aus Rothenburg

„Alkohol zum Frühstück? Ohne mich! Aber wenn ihr das braucht .... Ich suche mir lieber etwas anderes. Hier gibt es **bestimmt**[10] auch Kaffee oder Tee." Damit lässt Gudrun die beiden einfach stehen und geht in die andere Richtung davon.

„Ich hätte ihr auch einen alkoholfreien **Punsch**[11] mitgebracht", meint Heidi leise. Aber eigentlich ist sie nicht besonders traurig, dass Gudrun nun ihr eigenes Programm macht.

Gudrun geht von Bude zu Bude. Bald kommt sie an einen Stand mit einem Schild, auf dem in großen Buchstaben „Dezembertee" steht. Gudrun ist glücklich: Tee! Schnell bestellt sie eine Tasse. Denn durch den langen Spaziergang über den Weihnachtsmarkt ist ihr doch ganz schön kalt geworden. Und schon nach dem ersten **Schluck**[12] des heißen Getränks wird ihr gleich ganz warm. Wie Wunderbar! Und lecker ist der Tee außerdem! Langsam trinkt sie die Tasse aus - und bestellt noch eine. Was Gudrun nicht weiß: Dezembertee ist ein Punsch. Ein Punsch, der sehr viel Alkohol **enthält**[13]. Viel mehr als Glühwein. Und Gudrun trinkt sonst nie Alkohol.

Nach ihrem Weihnachtsmarktfrühstück besuchen Heidi und Sarah das Kriminalmuseum und sehen sich dort die verschiedenen Folterinstrumente an. Die Menschen hatten wirklich schreckliche Ideen, wie sie andere Menschen **quälen**[14] konnten. Heidi und Sarah sind froh, dass sie im 21. Jahrhundert leben.

Es ist schon Nachmittag, als sie wieder auf den Weihnachtsmarkt kommen. Beide haben Hunger. Also **beschließen**[15] sie, eine Bratwurst zu essen und dazu einen Glühwein zu trinken. Danach bleibt ihnen bis zur Abfahrt des Busses immer noch eine Stunde Zeit. Langsam wird es dunkel, die Lichter an den Buden gehen an. Genau die richtige Atmosphäre für einen letzten Spaziergang über den Reiter-

9 **die Bierbank -** einfache, lange Bank für viele Personen, die man zusammenlegen kann; typisch für das Oktoberfest und andere große Feste

10 **bestimmt -** ganz sicher, zu 100 %

11 **der Punsch -** warmes Mischgetränk aus Tee, Saft und Gewürzen

12 **der Schluck -** eine Portion von einem Getränk, die in den Mund passt

13 **etw. (Akk.) enthalten -** aus etw. (Dat.) bestehen

14 **jmdn. quälen -** jmdm. Schmerzen ‚geben'

15 **beschließen -** einen festen Plan machen

lesmarkt. Mit gebrannten Mandeln in der Hand gehen sie in Richtung eines Platzes, auf dem eine Band Weihnachtslieder spielt. Als sie näherkommen, hören sie, wie jemand laut und falsch dazu singt. Auf dem Platz stehen so viele Menschen, dass sie gar nichts sehen können. Aber sie hören, wie die Leute vorne lachen. Sarah steigt auf eine Bank, um zu sehen, was da los ist - und bekommt einen **Schreck**[16]. „Mama, komm schnell. Da ist Gudrun!"

Beide **drängeln sich** nach vorne **durch**[17]. Dort tanzt Gudrun im offenen Mantel zu **„Schneeflöckchen, Weißröckchen**[18]" und singt. Ihre Haare, die sonst immer aussehen wie aus der Zeitschrift eines Friseursalons, fliegen ihr um den Kopf. Ihre Augen **leuchten**[19] und ihr Gesicht ist leicht rot. „Die sieht ja richtig gut aus!", findet Sarah.

Da hört die Musik auf, das Lied ist zu Ende. Diese Pause nutzt Gudrun, um sich vor die Menschenmenge zu stellen und zu **lallen**[20]: „K-kennt ihr sch-schon den W-Witz, wo der Llllehrer ..." Weiter kommt sie nicht, denn Heidi und Sarah nehmen sie am Arm und ziehen sie weg.

Sarah meint: „**Mensch**[21], Gudrun, du **bist** ja ganz **betrunken**[22]!" Doch Gudrun **schüttelt** energisch **den Kopf**[23] und lallt: „**B-Blllödsinn**![24] Ich - Ich habe n-nur T-Tee getrunken. L-llleckeren Tee. Dezzzzembertee."

16 **der Schreck** - plötzliches, starkes und negatives Gefühl

17 **(sich durch)drängeln** - sich einen Weg durch eine Menschenmenge suchen

18 **"Schneeflöckchen, Weißröckchen"** - bekanntes, deutsches Winterlied

19 **leuchten** - Licht von sich geben

20 **lallen** - undeutlich sprechen, wenn man betrunken ist

21 **Mensch!** - (ugs.) sagt man, wenn man etwas besonders blöd oder toll findet

22 **betrunken sein** - zu viel Alkohol getrunken haben

23 **den Kopf schütteln** - den Kopf nach links und rechts bewegen, Zeichen für ‚Nein'

24 **Blödsinn!** - Das stimmt doch gar nicht! So ein Quatsch!

9 TAUSENDMAL IST NICHTS PASSIERT

Tausendmal ***berührt***[1]
Tausendmal ist nichts passiert
Tausendundeine Nacht
Und es hat – Zoom gemacht

1000 und 1 Nacht ist ein berühmtes Lied, das der deutsche Musiker und Sänger **Klaus Lage** (*1950) 1984 geschrieben hat.

‚Eigentlich mag ich das Lied gar nicht', denkt Miriam, aber heute passt es. Gerade ist sie mit Dominik noch **Autoscooter** gefahren. Und sie war so glücklich! Auch jetzt ist das noch so. Ob es Dominik wohl genauso geht? In aller Ruhe gehen sie zu zweit weiter über das Europavolksfest im Messepark Trier. „Soll ich uns **Zuckerwatte** kaufen?", fragt Dominik. „Gerne", antwortet Miriam. Dominik bestellt und Miriam schreibt kurz eine SMS. Dann warten sie, bis der Mann ihre Portion Zuckerwatte fertig hat.

der Autoscooter

300 – 500 m² große Fahrbahn mit vielen kleinen Elektroautos, typisch für Volksfeste

die Zuckerwatte

Zucker, der in einer Maschine zu Fäden gemacht wird, typische Süßigkeit auf Volksfesten

1 **berühren** – die Hände auf etw. legen

(Pl.) 2 oder mehr Personen, die sich seit der frühen Kindheit kennen

die Sandkastenfreunde

Die beiden sind **Sandkastenfreunde**.
Sie kennen sich seit dem Kindergarten, sind danach zusammen zur Schule gegangen. Fürs **Abitur**[2] haben sie immer zusammen gelernt. Oft hat Miriam bei Dominik oder Dominik bei Miriam übernachtet, wenn ihre Eltern weg mussten. Immer war Dominik für sie wie ein Bruder oder eben ihr bester Freund. Mehr aber auch nicht. Doch jetzt ist alles anders.

Endlich bekommen sie ihre Zuckerwatte. Miriam nimmt beide Portionen in die Hand und Dominik bezahlt. Doch plötzlich ruft Miriam: „Hey, der da hat mein Herz **gestohlen**[3]!“

Sie zeigt auf einen Mann, der gerade am Autoscooter vorbeiläuft. Dominik fühlt einen **Stich**[4] in seinem Herzen. Er denkt: ‚Der Typ hat ihr Herz gestohlen!? Ich bin doch nicht etwa **eifersüchtig**[5]?‘ Doch dann wird ihm alles klar: Es geht gar nicht um Miriams richtiges Herz, sondern nur um das **Lebkuchenherz**, das er Miriam vor der Fahrt mit dem Autoscooter geschenkt hat.

das Lebkuchenherz

würziges Gebäck aus dunklem Teig in Herzform und mit Ornamenten und Worten wie ‚Ich liebe dich‘ oder ‚Gruß vom Volksfest‘ aus buntem Zucker, typische Süßigkeit auf Volksfesten

Sofort läuft er hinter dem **Dieb**[6] her.

Miriam bleibt mit den beiden Portionen Zuckerwatte auf dem Volksfest zurück und wartet.

‚Ich kann nicht mehr', denkt Dominik. Trotzdem **rennt**[7] er weiter. Zum Glück ist der Dieb nicht ganz so sportlich wie er. Jetzt sind sie an der **Mosel**[8]. Der Mann ist nur noch ein kleines Stück vor ihm. Sie laufen weiter, in die Altstadt von Trier und über den **Hauptmarkt**. Und dann, bei der **Porta Nigra** bleibt der Mann endlich stehen. Das ist Dominiks Chance! Er rennt in vollem Tempo an dem Mann vorbei, **schnappt**[9] sich das Lebkuchenherz und läuft gleich weiter. Erst hinter der nächsten Ecke wird er langsamer und sieht vorsichtig zurück. ‚Geschafft', denkt er. Er ist noch völlig **außer Atem**[10]. Aber er hat das Herz wieder! Dominik setzt sich auf eine Treppe, das Herz liegt auf seinen Knien. ‚Für meine beste Freundin' steht da. Schnell schreibt er eine Nachricht an Miriam: „Habe dein Herz wieder! Kommst du zur Porta Nigra?" 15 Minuten später ist Miriam

2 **das Abitur** - Abschlussprüfung am Gymnasium; mit dem Abitur kann man an der Universität studieren
3 **stehlen** - ohne Erlaubnis nehmen
4 **der Stich** - (hier:) plötzlicher Schmerz
5 **eifersüchtig** - voller Angst, dass eine Person, die man sehr mag, eine andere Person liebt
6 **der Dieb** - Person, die etw. stiehlt
7 **rennen** - schnell laufen
8 **die Mosel** - Fluss in Trier
9 **sich (Dat.) etw. (Akk.) schnappen** - etw. (Akk.) schnell nehmen
10 **außer Atem** - (fast) keine Luft bekommen, weil man sehr schnell und lange gelaufen ist

da. Sie sieht ihn an, **lächelt**[11] und geht auf ihn zu. Dominik hängt ihr das Herz um den Hals. ‚Jetzt muss es passieren. Jetzt muss es doch auch bei ihm Zoom machen', denkt sie. Sie schaut Dominik direkt in die Augen, legt ihren Kopf zur Seite und fährt sich mit der Hand durchs Haar. Er kann gar nicht anders, als sie zu küssen. ‚Endlich', denkt Miriam.

Acht Monate später: Es ist Januar. Der große Tag – ihr großer Tag – ist endlich da. Dominik ist zuerst ganz nervös. Am **Altar** sagt er aber mit fester Stimme: „Ja, ich will."

Dann ist Miriam dran: „Ja, ich will." Sie schaut ihren Dominik wieder an wie unter der Porta Nigra, legt ihren Kopf zur Seite und fährt sich mit der Hand durchs Haar. Dominik küsst sie. Die Hochzeitsgäste **klatschen** oder machen Fotos.

klatschen

die Hände gegeneinander schlagen, applaudieren

Als sie aus der Kirche kommen, fängt es an zu schneien. ‚Eine weiße Traumhochzeit', denkt Dominik. ‚Was für ein Tag!' Er kann gar nicht mehr aufhören zu lächeln und winkt allen Gästen zu. Da sieht er plötzlich ... „Das kann nicht sein. Das ist doch ...", sagt er und schaut Miriam an. „Das ist doch der Typ, der dir das Lebkuchenherz gestohlen hat." „Tja", antwortet seine Frau, „manchmal muss man Männer eben **zu ihrem Glück zwingen**[12]."

Die Band von Miriams Vater spielt. ‚Wie schön', freut sich Miriam. Ihr Vater geht immer wieder zum Mikrofon und singt. Meistens Lieder von Frank Sinatra oder **Roger Cicero**[13]. Dann macht die Band eine Pause. Doch Miriams Vater bleibt

großer Tisch vorne in der Kirche für die Bibel und andere christliche Dinge

am Mikrofon stehen und hält noch eine **Rede**[14]:

„Liebe Hochzeitsgäste. Ich bin froh, dass ihr alle diesen Tag mit uns feiert. Dominik und meine Miriam kennen sich schon sehr lange. Sie haben sich tausendmal berührt. Und tausendmal ist nichts passiert. Doch in der tausenundersten Nacht – da hat es Zoom gemacht. Ich bin kein Freund langer Worte und möchte lieber etwas für Miriam singen."

‚Oh nein, auch das noch! Er wird doch nicht etwa „1000 und 1 Nacht singen?', denkt Miriam. Sie mag das Lied wirklich nicht, obwohl es ihr seit dem letzten Volksfest in Trier natürlich viel besser gefällt als früher… Da fängt die Band an zu spielen. Und ihr Vater singt:

11 lächeln – ein freundliches Gesicht machen; ohne Ton lachen
12 jmdn. zu seinem Glück zwingen – (idiom.) etw. Gutes für eine andere Person tun, weil die Person selbst zu faul oder zu ängstlich dazu ist
13 Roger Cicero – deutscher Pop- und Jazzmusiker und Sänger (1970 – 2016)
14 die Rede – Text, den jmd. für ein Fest oder einen anderen besonderen Tag vorbereitet hat und laut vor einem Publikum erzählt
15 das Leiden – Schmerz
16 die Hoffnung – Subst. zu ‚hoffen', Glaube an eine bessere Zeit
17 die Zärtlichkeit – Liebe, die man durch Körperkontakt zeigt

Ich wünsch' dir Liebe ohne ***Leiden***[15]
Und eine Hand, die deine hält
Ich wünsch' dir Liebe ohne Leiden
Und dass dir nie die ***Hoffnung***[16] *fehlt*
Und dass dir deine Träume bleiben
Und wenn du suchst nach ***Zärtlichkeit***[17]
Wünsch' ich dir Liebe ohne Leiden
Und Glück für alle Zeit

Liebe ohne Leiden ist ein berühmtes Lied, das der österreichische Pianist und Sänger **Udo Jürgens** (1934 – 2014) 1984 geschrieben und zusammen mit seiner Tochter Jenny gesungen hat.

sehr kleiner Staat in Europa (160 km^2)

10 DIE GROßE WEITE WELT

Ich bin viel unterwegs. Für meinen Beruf reise ich durch die große weite Welt. Oft fragen die Leute, aus welchem Land ich bin. Ich komme aus **Liechtenstein**. Mein Problem ist nur: Mein Land ist so klein, dass es fast niemand kennt. Doch ich berichte gern von meiner Heimat. Oft zeige ich auf meinem Handy dann eine Karte von Liechtenstein. Und dabei denke ich immer daran, wie meine Mutter mir unser Land zum ersten Mal auf einer Karte gezeigt hat:

„Liechtenstein ist klein. Schau hier, Franz, auf der Karte. Dieser kleine Punkt da in den Alpen, zwischen Österreich und der Schweiz, ist unser Land. Hier gibt es nur die Hauptstadt Vaduz mit ungefähr 5.500 **Einwohnern**[1] und noch 11 andere Orte. Aber nicht alles hier ist klein. Unser **Staatsoberhaupt**[2] zum Beispiel ist ein echter **Fürst**[3], der *Fürst von und zu Liechtenstein,* **Herzog** *von Troppau und Jägerndorf,* **Graf** *zu Rietberg,* **Regierer**[4] *des Hauses von und zu Liechtenstein.* Ganz schön langer Name, oder? Und genauso lang und **beeindruckend**[5] ist auch die Geschichte unseres Landes – und übrigens auch deine eigene Geschichte. Willst du sie hören?"

Liechtenstein hat keinen Flughafen, keinen Hafen, keine Autobahn und auch kein Militär!

Liechtenstein hat auch keine eigene Währung, man benutzt den Schweizer Franken. Offizielle Staatssprache ist **Deutsch**.

Ein eigenes Gefängnis hatte das Land auch lange nicht. Bis 1991 mussten Kriminelle im Keller des Regierungsgebäudes von Liechtenstein sitzen.

Natürlich wollte ich das! Und so hat mir meine Mutter folgende Geschichte erzählt:

„**Eines Tages**[6] ist die große, weite Welt in unser kleines Liechtenstein gekommen. Direkt zu uns. In unser kleines Häuschen mit **Blick**[7] auf das **Rote Haus** und das **Schloss**. Wie immer ist dein Vater auch an diesem Tag zur Arbeit gegangen. Ich hatte frei, da ich zum Arzt musste. Vorher hatte ich aber noch genug Zeit für ein paar Einkäufe. Plötzlich hatte ich so einen **Heißhunger**[8] auf Bananen. Also habe ich im Supermarkt nicht nur Milch, Butter, Brot und so weiter gekauft, sondern auch Bananen. So viele Bananen, dass die Verkäuferin mir gleich eine **Bananenkiste** dazu gegeben hat. Mit einer Banane im Mund und einer Kiste Bananen im Auto bin ich dann nach Hause gefahren. Da habe ich die Kiste in die Küche gestellt und bin schnell zum Arzt gefahren."

die Bananenkiste

Box für den Transport von Bananen

1 **der/die Einwohner/-in** – Person, die in einer Stadt lebt

2 **das Staatsoberhaupt** – wichtigste/-r Politiker/-in in einem Land

3 **der Fürst/die Fürstin, der Herzog/die Herzogin, der Graf/die Gräfin** – Titel für adelige Personen

4 **der Regierer** – Staatsoberhaupt

5 **beeindruckend** – toll

6 **Eines Tages ...** – an einem Tag (typischer Anfang für ein Märchen, eine Sage oder Legende)

7 **der Blick** – Panorama, Aussicht

8 **der Heißhunger** – großer Hunger, viel Hunger

So fängt die Geschichte an. Nicht besonders **spannend**[9], oder?

„Beim Arzt musste ich lange warten. Zum Glück hat mir der Arzt das Untersuchungsergebnis aber wenigstens gleich gegeben. Ein Ergebnis, das unser Leben völlig verändert hat. Ich habe mich gefreut, aber ich wusste wirklich nicht, wie ich es deinem Vater **beibringen**[10] sollte."

Als kleiner Junge habe ich gedacht: Was wollte meine Mutter denn meinem Vater beibringen? Sie ist doch gar keine Lehrerin. Und mein Vater kann ja sowieso fast alles. Erst später habe ich verstanden, dass ‚beibringen' hier einfach nur ‚erzählen' heißt.

„Als ich nach Hause gekommen bin, habe ich den Arztbesuch erst einmal vergessen. Denn dein Vater hat in der Küche gestanden, eine Banane in der Hand, und hat **bewegungslos**[11] die Bananenkiste **angestarrt**[12]. Ich habe natürlich gedacht, er **wundert sich**[13] einfach, dass ich so viele Bananen gekauft habe. Gerade wollte ich es ihm erklären. Da hat dein Vater plötzlich auf die Bananenkiste gezeigt und gerufen: „Eine **Spinne**. Da! In der Kiste!"

die Spinne

Insekt mit acht Beinen

‚Komisch!', habe ich gedacht. Mein Vater hat doch sonst keine Angst vor Spinnen. Also war es bestimmt keine normale Spinne. Und richtig:

„Dann habe ich die Spinne auch gesehen. Sie war größer als alle Spinnen, die du mit deinem Vater bei uns im Garten gefunden hast. Sie hatte viele Haare und sah irgendwie **bedrohlich**[14] aus. Klar war, dass wir das Ding fangen mussten. Aber wie sollten wir das machen? Da ist mir plötzlich

Fangen von Fischen mit einem speziellen Stock (die Angel)

Netz an einem Stock, zum Fangen von Fischen oder Insekten

der **Kescher eingefallen**[15], den dein Vater immer zum **Angeln** benutzt. Also habe ich deinen Vater in den Keller geschickt, um den Kescher zu holen. Ich selbst bin ins Wohnzimmer zum Bücherregal gegangen und habe nach dem Buch mit den **giftigen**[16] Tieren gesucht.

Wieso hat meine Mutter ein Buch geholt? Das kann man doch im Internet nachgucken. Aber dann ist es mir wieder eingefallen: Ach ja, das Internet gab es damals ja noch nicht. Logisch!

„In dem Buch habe ich das Tier schnell gefunden. Da! Das war sie! Sofort habe ich deinen Vater gerufen und ihm **vorgelesen**[17]: „Die Brasilianische Wanderspinne, auch Bananenspinne genannt, kommt manchmal in Bananenkisten auf **Frachtschiffen** nach Europa.

das Frachtschiff

großes Schiff mit Containern, auf dem zum Beispiel Lebensmittel transportiert werden

9 **spannend** – interessant

10 **jmdm. etw. (Akk.) beibringen** – 1. jmdm. zeigen, wie etwas geht; 2. jmdm. etw. (Akk.) Ungewöhnliches oder eine besonders traurige oder tolle Nachricht erzählen

11 **bewegungslos** – ruhig wie eine Statue

12 **etw. (Akk.) anstarren** – etw. (Akk.) lange bewegungslos anschauen

13 **sich wundern** – nicht normal finden

14 **bedrohlich** – gefährlich

15 **jmdm. einfallen** – jmd. erinnert sich

16 **giftig** – mit einem Sekret, an dem man sterben kann; z. B. Spinnen, Skorpione oder Schlangen

17 **jmdm. vorlesen** – laut für eine andere Person lesen

Sie ist aggressiv und sehr giftig. Die meisten tödlichen Unfälle mit Spinnen passieren durch die Brasilianische Wanderspinne."

Nein, wie aufregend! Ein giftiges Tier in unserem Wohnzimmer?! Was meine Eltern dann wohl gemacht haben?

„;Als ich das Buch weggelegt habe, hat dein Vater erst einmal gar nichts gesagt. Wie eine Angler-Statue hat er da gestanden, den Kescher in der Hand. Aber allein konnte ich die Spinne nicht fangen. Was sollte ich nur machen?"

Oh Mann, wie spannend!

„Also habe ich deinem Vater gesagt: ‚Jetzt hilf mir doch mal! Mir – und deinem Kind!"

Häh? Ich war doch noch gar nicht der Welt. Wie sollte mein Vater mir denn da helfen?

„Dein Vater hat mich angesehen und ich habe genau gemerkt: Er hat überhaupt nichts verstanden. Aber dann habe ich meine Hand vorsichtig auf meinen Bauch gelegt. Und plötzlich hat dein Vater es **begriffen**[18]."

Ach so! Dann war ich also schon im Bauch meiner Mama. Hat sie deswegen so viele Bananen gegessen? Als mein Freund Jonas einen kleinen Bruder bekommen sollte, hat seine Mutter jeden Tag **saure Gurken** gegessen, mit Sahne!

in Salzwasser und Kräuter eingelegtes langes, grünes Gemüse

die sauren Gurken (Pl.)

„Auf einmal **ist Bewegung** in deinen Vater **gekommen**[19]. Er hat mir den Kescher gegeben und die Spinne in eine Ecke **gejagt**[20]. Ich habe den Kescher geworfen und - zack - hatten wir sie. Die Spinne! Nun weißt du, wie die große, weite Welt in unser kleines Liechtenstein gekommen ist. Ein halbes Jahr später bist du geboren worden. Genau sechs Monate nach der Spinne bist du in unser kleines Häuschen mit Blick auf das Rote Haus und das Schloss, in unser kleines Land Liechtenstein gekommen."

Bald will ich übrigens wieder mehr Zeit in meiner Heimat verbringen. Meine Frau ist nämlich **schwanger**. Ich freue mich schon sehr auf unser Kind, aber eins habe ich meiner Frau gleich gesagt: „Die Bananen kaufe ich."

18 **begreifen -** verstehen

19 **In jmdn. kommt Bewegung. -** jmd. wird aktiv

20 **etw. (Akk.) jagen -** hinter etw. (Dat.) herlaufen, um es zu fangen oder zu töten

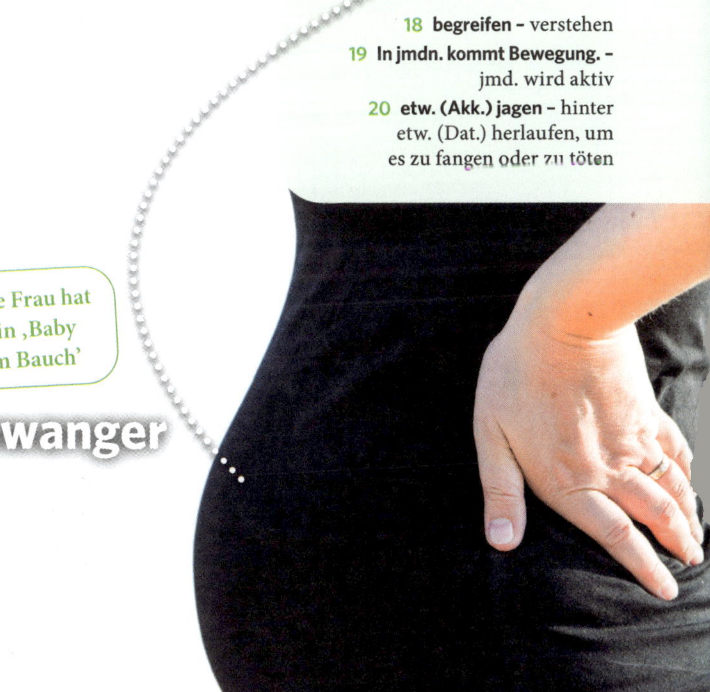

eine Frau hat ein ‚Baby im Bauch'

schwanger

11 EIN FALL FÜR DIE POLIZEI?

Franziska könnte heulen. Es ist bereits halb drei Uhr morgens und sie ist allein unterwegs. Um diese Zeit! **Ihr ist mulmig zumute**[1].

Sie studiert im zweiten Semester Germanistik und liebt das aufregende Studentenleben in Tübingen. Gestern war das erste **Stocherkahnrennen**, bei dem sie dabei war. Für viele ist diese Veranstaltung sehr wichtig. Es findet jedes Jahr an einem Donnerstag Mitte Juni statt. Verschiedene **Fachschaften**[2] und **Studentenverbindungen**[3] machen dabei mit. Der Gewinner muss abends eine Feier organisieren und Freibier spendieren. Der Verlierer muss eine Flasche **Lebertran**[4] trinken!
Da aber vorher niemand weiß, wer gewinnt, wird überall gefeiert.

1 **mulmig zumute sein** – Angst haben

2 **die Fachschaft** – Studenten/Studentinnen eines Institutes oder einer Fakultät

3 **die Studentenverbindung** – Organisation für Studenten, in der viele alte Traditionen wichtig sind

4 **der Lebertran** – Öl, das aus der Leber von Fischen hergestellt und als Medizin verwendet wird

Das Tübinger Stocherkahnrennen findet seit 1956 jedes Jahr im Frühling an einem bestimmten Donnerstag (‚Fronleichnam') statt. Es ist ein Bootsrennen auf dem Neckar, an dem früher nur Studenten teilnehmen konnten.

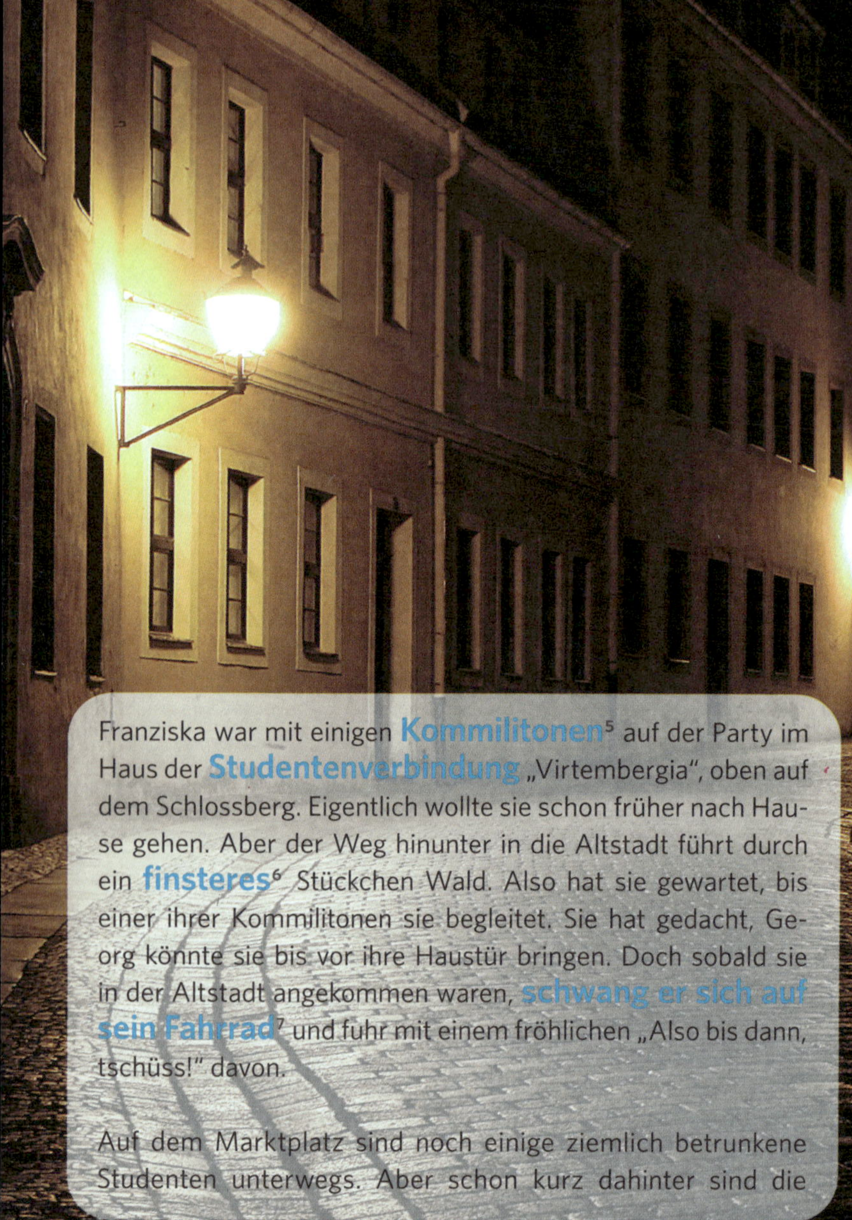

Franziska war mit einigen **Kommilitonen**[5] auf der Party im Haus der **Studentenverbindung** „Virtembergia", oben auf dem Schlossberg. Eigentlich wollte sie schon früher nach Hause gehen. Aber der Weg hinunter in die Altstadt führt durch ein **finsteres**[6] Stückchen Wald. Also hat sie gewartet, bis einer ihrer Kommilitonen sie begleitet. Sie hat gedacht, Georg könnte sie bis vor ihre Haustür bringen. Doch sobald sie in der Altstadt angekommen waren, **schwang er sich auf sein Fahrrad**[7] und fuhr mit einem fröhlichen „Also bis dann, tschüss!" davon.

Auf dem Marktplatz sind noch einige ziemlich betrunkene Studenten unterwegs. Aber schon kurz dahinter sind die

Gassen[8] menschenleer. Noch zweihundert Meter, dann hat sie es geschafft!
Franziska wohnt zusammen mit einer Kommilitonin in einer kleinen Wohnung mitten in der wunderschönen Altstadt. Alles ist bequem zu Fuß zu erreichen: Die Uni, alle wichtigen Geschäfte und ihre Lieblingskneipen. Und immer ist viel los. Aber jetzt, um diese Zeit, ist die Stadt **wie ausgestorben**[9].

Endlich da! Sie biegt um die Ecke in die kleine **Sackgasse**, in der sie wohnt. Dort ist alles dunkel. Nur aus einem Fenster im ersten Stock fällt ein Licht in die Gasse. Und da sieht sie ihn – den Mann. **Regungslos**[10] steht er da und schaut zum Fenster hinauf. Franziska **stockt der Atem**[11]. Denn in der Hand hält der Mann etwas. Eine Waffe, eine Pistole!

Der Mann hat sie anscheinend nicht bemerkt, denn er blickt weiter zum Fenster hinauf. Schnell geht sie ein paar Schritte zurück. Was soll sie jetzt machen? Um Hilfe rufen? Wer weiß, was dann passiert? Vielleicht benutzt der Mann dann seine Pistole!
„Ganz ruhig, Franziska. Nur keine Panik", sagt sie sich. Und tatsächlich wird sie ruhiger. Noch einmal, ganz vorsichtig, damit er sie nicht bemerkt, **linst**[12] sie um die Ecke. Der Mann steht immer noch da und **rührt sich nicht**[13].

5 **der Kommilitone/die Kommilitonin** – Studienkollege/Studienkollegin
6 **finster** – dunkel
7 **sich auf sein Fahrrad schwingen** – sich auf sein Fahrrad setzen
8 **die Gasse** – die kleine Straße
9 **wie ausgestorben** – leer
10 **regungslos** – ganz still, ohne sich zu bewegen
11 **jmdm. stockt der Atem** – vor Schreck keine Luft mehr kriegen
12 **linsen** – vorsichtig schauen
13 **sich nicht rühren** – sich nicht bewegen

Leise schleicht sie zu einem dunklen Hauseingang. Hier **kramt**[14] sie in ihrem Rucksack nach ihrem Handy.
Dann wählt sie die 110 und erzählt der Polizei im Flüsterton, was sie gesehen hat. Der nette Polizist sagt: „Wir kommen sofort".
Franziska **kommt es wie Stunden vor**[15], doch tatsächlich sind es nur ein paar Minuten, bis ein **Streifenwagen** vorfährt und ca. zehn Meter von ihr entfernt anhält. Erleichtert geht Franziska aus ihrem Versteck auf den Streifenwagen zu. Drei Polizisten – eine Frau und zwei Männer – steigen aus und schließen geräuschlos die Autotüren. Der Fahrer legt dabei seinen Zeigefinger an die Lippen. Am besten sind jetzt alle ganz still.
Die Polizistin legt beruhigend den Arm um die aufgeregte Franziska und bleibt mit ihr am Wagen stehen. Die beiden Herren hingegen schleichen sich vorsichtig und mit gezückter Waffe in die Gasse. Franziska ist richtig **schwindelig**[16]. Was ist, wenn jemand verletzt oder gar getötet wird? **Nicht auszudenken**[17]!

Doch dann hören die beiden Frauen keinen Schuss, sondern nur lautes Gelächter. Einer der Polizisten erscheint und winkt die beiden Damen zu sich. Mit einem breiten Grinsen drückt er Franziska eine Taschenlampe in die Hand und meint: „Keine Angst, der tut Ihnen nichts. Schauen Sie selbst!"

Langsam und vorsichtig geht Franziska an

das Blaulicht

der Seite des Polizisten in die Gasse und leuchtet den Mann mit der Waffe an. Wie **erstarrt**[18] bleibt sie stehen. Mein Gott, ist das peinlich! Die Polizisten **können sich vor Lachen kaum noch halten**[19]. Denn in der Gasse steht kein Mann mit einer Pistole, sondern ein Mann mit einer **Eiswaffel** in der Hand. Und dieser Mann ist nicht einmal lebendig, sondern aus dünnem Holz. Es ist eine Werbefigur! Wahrscheinlich gehört er zu dem kleinen Café, das hier in der kleinen Gasse vor Kurzem eröffnet wurde. Man hatte wohl vergessen, ihn bei Ladenschluss reinzustellen.

Franziska möchte **vor Scham am liebsten im Erdboden versinken**[20]. Wie konnte ihr so etwas nur passieren? Was sollten jetzt die Polizisten von ihr denken? Und ist es nicht so, dass man sehr viel Geld zahlen muss, wenn man einen falschen Alarm auslöst? Ihr kommen die Tränen.

Die Polizistin legt wieder den Arm um sie und meint: „Es ist alles gut. Es ist doch niemandem etwas passiert." Franziska erzählt ihr unter Tränen, dass sie kein Geld hat, den **Einsatz**[21] zu zahlen. Doch die Polizistin meint nur: „Es ist gut, dass Sie uns gerufen haben. Manchmal wird die Polizei auch bei einem richtigen Notfall nicht geholt. Da ist es uns doch lieber, wir kommen einmal umsonst."

14 **kramen -** suchen

15 **wie Stunden vorkommen -** glauben, dass schon Stunden vergangen sind

16 **schwindelig -** bei Aufregung: das Gefühl, dass alles sich dreht und / oder die Beine weich werden

17 **Nicht auszudenken! -** Das wäre wirklich schrecklich!

18 **erstarrt -** ganz still, wie eine Figur aus Eis, meist nach einem großen Schreck

19 **sich vor Lachen kaum noch halten können -** sehr stark und viel lachen

20 **vor Scham am liebsten im Erdboden versinken -** (idiom.) etw. ist so peinlich, dass man am liebsten nicht mehr da wäre

21 **der Einsatz -** hier: die Polizeiaktion

Tübingen liegt etwa 40 km südlich von Stuttgart, am Rand der **Schwäbischen Alb** – das ist ein Mittelgebirge, das sich fast 200 km durch Süddeutschland zieht.

Ein berühmter Bewohner Tübingens war der Dichter **Friedrich Hölderlin**. Von 1807 bis 1847 lebte er in diesem Gebäude, das heute **Hölderlinturm** heißt.

Bis zu 27 Personen haben Platz in einem solchen Kahn. Um bequem zu sitzen, steckt man ein Brett als Rückenlehne hinter die Sitzbank.

Durch Tübingen fließt der **Neckar** – der ideale Ort für eine Fahrt mit dem **Stocherkahn**. Rund 130 solcher Kähne gibt es in Tübingen. Sie werden bewegt, indem man sich mit einer 7 m langen Stange vom Grund des Neckars abstößt. Man ‚stochert' also ins Wasser – daher der Name.

Die Neckarmauer direkt am Fluss ist der ideale Treffpunkt am Mittag oder am Abend. Mit einer Flasche Wein oder einem kühlen Bier kann man entspannt aufs Wasser schauen und sich unterhalten.

12 EIN EINBRECHER IM PARADIES

„Ist das schön hier!" Désirée war **überwältigt**[1], als sie aus dem Auto stieg. Auch die anderen, ihre Schwester Melanie und ihr Bruder Andreas, staunten und genossen die schöne Landschaft. Sie standen vor der **Almhütte**, in der sie ein langes Wochenende verbringen wollten. Die Hütte lag in einem Hochtal, umgeben von den Bergen des Karwendelgebirges. Nur die **Berggipfel** waren **felsig**, die Hänge waren von Wald und Wiesen bedeckt. In der Ferne leuchteten ein paar schneebedeckte Bergspitzen.

Es war ein wunderschöner, sonniger Nachmittag im Mai. Die Luft war klar und frisch. Das ganze Tal war eine riesige Blumenwiese. Überall **summte** und **brummte**[2] es: **Bienen**, **Hummeln** und **Käfer** flogen herum. Durch das Tal führte ein Bach.

Sein **Rauschen**[3] und das **Vogelgezwitscher**[4] passten bestens zu dieser bezaubernden Landschaft.

„Da, schaut mal. Ist das nicht ein **Schwalbenschwanz**?" Melanie zeigte auf einen großen, gelb-schwarz-bunt gemusterten Schmetterling. Er war wunderschön. Tatsächlich – ein Schwalbenschwanz! Dabei waren diese Tiere doch so selten. Das hier musste das Paradies sein!

Ein langes Wochenende auf der Hütte lag vor ihnen. Drei Tage, in denen sie ausspannen und nichts anderes tun wollten als ausschlafen, ein bisschen wandern, lesen und in der Sonne liegen. Keiner der drei war vorher hier gewesen. Die Hütte gehörte einem

1 **überwältigt** – voller Bewunderung

2 **summen und brummen** – Geräusch von Bienen / Hummeln

3 **das Rauschen** – das Geräusch von fließendem Wasser

4 **das Vogelgezwitscher** – der Gesang der Vögel

Geschäftskollegen von Désirée. Er hatte ihr freundlicherweise für ein paar Tage den Schlüssel gegeben.

Bevor sie das Gepäck hereintrugen, schauten sich die Geschwister die Hütte erst einmal an. Désirées Kollege hatte das alte Gebäude fast fertig renoviert. Nur der Stall an der Rückseite der Hütte war noch nicht fertig. Er hatte eine Außentür und eine Tür, die in die **Stube**[5], den Hauptraum im Erdgeschoss, führte. Im Stall waren eine Leiter, zwei Fahrräder und Werkzeug.
In der Stube gab es einen **Kachelofen**, der mit Holz befeuert wurde. Ansonsten standen hier nur ein Tisch, eine Eckbank und vier Stühle. An den Fenstern hingen **rotkarierte** Vorhänge.

Neben der Stube war die Küche. Sie wurde von einem großen altmodischen Herd, einer sogenannten Küchenhexe, **beherrscht**[6]. Daneben gab es ein Spülbecken, einen Kühlschrank sowie einen großen Küchenschrank, in dem sie ihre Vorräte **verstauen**[7] konnten. Von der Küche führte eine Treppe in den ersten Stock zu den Schlafräumen.

Nachdem sie ihre Sachen in ihren Zimmern verstaut, die **Schlafsäcke** auf den Betten ausgebreitet und die Lebensmittel eingeräumt hatten, machten Désirée, Melanie und Andreas erst einmal einen **ausgedehnten**[8] Spaziergang. Tat das gut nach der langen Autofahrt!

Als sie zur Hütte zurückkamen, begann es bereits zu **dämmern**[9] Da ein Spaziergang an der frischen Luft richtig hungrig macht, gab es erst einmal eine **deftige Brotzeit**, wie es sich auf einer Almhütte gehört. Mit Brezeln, Bauernbrot, Wurst, Käse, Paprika und sauren Gurken. Und dazu – sie hatten an alles gedacht – ein schönes, kühles Bier.

Eine Zwischenmahlzeit, die man zwischen den Hauptmahlzeiten isst

Gerade, als sie aufstehen wollten, hörten sie einen Höllenlärm.

Inzwischen war es fast Mitternacht. Die drei waren **hundemüde**[10] und wollten endlich ins Bett gehen. Gerade als sie vom Tisch aufstehen wollten, hörten sie einen **Höllenlärm**[11]. Erstaunt schauten sie sich an. Was konnte das sein? Der Lärm wurde immer lauter. Er kam aus dem Stall, wo die Fahrräder standen. Dort war jemand!! **Nach dem Lärm zu urteilen**[12], machte dieser Jemand dort eine riesige Unordnung. Ein Einbrecher! Bestimmt war er **skrupellos**[13] und gefährlich, denn offenbar störte es ihn überhaupt nicht, dass sie in der Hütte waren.

Die drei waren starr vor Schreck. Und dann hörten

5 **die Stube** – der Wohnraum
6 **beherrschen** – hier: das Wichtigste sein
7 **verstauen** – einräumen, aufbewahren
8 **ausgedehnt** – lang
9 **dämmern** – dunkel werden
10 **hundemüde** – sehr müde
11 **Höllenlärm** – der große Lärm
12 **nach dem Lärm zu urteilen** – durch den Lärm denkt man
13 **skrupellos** – ohne Rücksicht und Angst

sie es. Ein **Schnaufen**[14], entsetzlich laut. Der randalierende Einbrecher war bestimmt Asthmatiker. Er ächzte und keuchte. Es war **unheimlich**[15]!

Melanie war die erste, die **ihre Sprache wiederfand**[16]: "Andi, geh in den Stall und verjag' den Einbrecher!" Ihre Schwester war derselben Meinung. Da Andreas **keine Anstalten machte**[17], in den Stall zu gehen, redeten die beiden Frauen unaufhörlich weiter. Irgendwann wurde es Andreas zu viel. Er hatte zwei Möglichkeiten: Entweder musste er es zu dem gefährlichen Einbrecher in den Stall oder seine beiden Schwestern würden ihn weiter nerven. Er kam zu dem Schluss, dass der Einbrecher **das kleinere Übel war**[18]!

ein längliches Holzstück

Also schnappte er sich ein großes **Holzscheit** und öffnete die Tür zum Stall. Sofort hörten der Lärm und das Schnaufen auf. Andreas war froh, dass der Lichtschalter gleich links neben der Tür war. So konnte er das Licht anknipsen, bevor sich der gefährliche Einbrecher auf ihn stürzte.

In der Stube saßen Melanie und Désirée, **klammerten sich** ängstlich **aneinander**[19] und hielten die Augen fest geschlossen. Plötzlich war es so ruhig. Ob Andreas überhaupt noch lebte? Sie waren verzweifelt. Was sollten sie nur tun?

Da stand Andreas plötzlich wieder direkt vor ihnen und schimpfte: "Ihr **feigen Memmen**[20], ihr habt mich alleine in

den Stall geschickt und sitzt hier gemütlich auf der Bank! Was, wenn mir was passiert wäre?"
Doch das interessierte Melanie momentan nicht: " Was ist mit dem Einbrecher?", fragte sie.
"Euer Einbrecher war ein **Igel**. Ein kleiner, **harmloser**[21] Igel!"

14 **das Schnaufen** - das laute Atmen

15 **unheimlich** - so, dass man Angst bekommt

16 **seine Sprache wiederfinden** - nach einem Schreck wieder sprechen

17 **keine Anstalten machen** - zu faul oder zu ängstlich sein

18 **das kleinere Übel sein** - weniger schlimm sein

19 **sich aneinander klammern** - sich gegenseitig festhalten

20 **die feige Memme** - (umg., abwertend) der ängstliche Mensch

21 **harmlos** - ungefährlich

13 DAS HOCHZEITS-ESSEN OHNE HOCHZEITSPAAR

Es war Freitagabend. Ute und Harald hatten es sich im Wohnzimmer bequem gemacht. Beide freuten sich auf das Fußball-Länderspiel, das in wenigen Minuten beginnen sollte.
Plötzlich klingelte es an der Wohnungstür. „Wer ist denn das schon wieder?“, **knurrte**[1] Harald. Jetzt hatte er wirklich keine Zeit für Besuch. Ute ging hin und öffnete. Draußen stand Maja, ihre Tochter. Sie trug eine Jogginghose, ein altes Sweatshirt, dicke Socken und Hausschuhe. Und obwohl es draußen ziemlich kalt war, hatte sie keine Jacke an. Maja war **in Tränen aufgelöst**[2]. Schnell zog Ute sie in die Wohnung und nahm sie in den Arm. Maja weinte nur noch lauter, dann **brach es aus** ihr **heraus**[3]: „Es ist aus. Die Hochzeit findet nicht statt.“
Utes erster Gedanke war „Dem Himmel sei Dank!“, aber das würde sie Maja nie verraten. Stattdessen sagte sie: „Komm, Kleines, wir gehen in die Küche. Ich mache dir eine heiße Schokolade, dann erzählst du mir alles.“

Harald kam in die Küche, um seine Tochter zu begrüßen. Er **verkrümelte sich**[4] aber gleich wieder, als er sie **wie ein Häufchen Elend** dasitzen sah. Ihm war klar: das hier wird ein Mutter-Tochter-Gespräch.

sehr traurig

Heiße Schokolade wirkt immer. Langsam beruhigte sich Maja und begann zu erzählen:

„Vorhin, beim Abendessen, **sagte** Philipp so ganz **nebenbei**[5], dass er es sich gründlich überlegt hätte und dass er mich nicht heiraten will. Er sagt, er fühlt sich noch nicht bereit, sein ganzes Leben mit nur einer einzigen Frau zu verbringen. Er meint, dafür ist er noch viel zu jung. Stell Dir das einmal vor, Mama. Mit zweiundvierzig zu jung!" Sie fing wieder an zu weinen.

„Oh Gott", dachte Ute, „mein armes Mädchen", und brachte Maja eine Rolle **Küchenpapier**. Vorsichtig fragte sie: „Und was ist mit der Hochzeitsfeier? Die findet doch schon in zwei Wochen statt!"

Maja riss sich zwei Blätter von der Küchenpapierrolle und **schnäuzte sich**[6] erst einmal kräftig. „Die Hochzeit? Die soll ich **absagen**[7] und die Gäste **ausladen**[8]." Sie fing wieder an zu weinen. „Wie peinlich! Ich werde in Zukunft bekannt sein als die Frau, die zwei Wochen vor der Hochzeit verlassen wurde."

Harald, der in der Tür stand und den letzten Satz gehört hatte, meinte: „Besser als nach der Hochzeit. So, ihr kommt jetzt beide mit ins Wohnzimmer und schaut mit mir das Fußballspiel an. Morgen kümmern wir uns um alles!"

In der Nacht schlief Harald auf der Couch im Wohnzimmer. Maja verbrachte die Nacht mit Ute im Ehebett. Doch die beiden Frauen schliefen kaum. Sie hatten viel zu besprechen.

1 **knurren** – ärgerlich sagen
2 **in Tränen aufgelöst sein** – viel und verzweifelt geweint haben
3 **es bricht aus jemandem heraus** – jmd. sagt plötzlich
4 **sich verkrümeln** – (umg.) sich zurückziehen
5 **nebenbei sagen** – etwas so sagen, als wäre es nicht wichtig
6 **sich schnäuzen** – sich die Nase putzen
7 **absagen** – informieren, dass etwas nicht stattfindet
8 **ausladen** – das Gegenteil von ‚einladen'

Am nächsten Morgen nach dem Frühstück **legte** Ute **los**[9]. Sie begann zu organisieren und zu **delegieren**[10].

Vor allem telefonierte sie. Als Erstes rief sie Philipp an. Sie wunderte sich selbst, wie ruhig sie bei dem Gespräch war. Als er sich meldete, sagte sie **ohne Umschweife**[11]: „Philipp, in spätestens einer Stunde bist du aus dem Haus und kommst heute nicht mehr zurück. Maja und ihr Vater werden ihre Sachen abholen. Solltest du im Laufe des Tages dort **aufkreuzen**[12], kann ich für nichts garantieren." „Aber ...", fing Philipp an, doch Ute **schnitt** ihm **das Wort ab**[13]. „Du hast gehört, was ich gesagt habe." Mit diesen Worten **legte** sie **auf**[14].

Sie bat Maja, ein paar Freunde anzurufen. Die sollten helfen, Majas Sachen aus der Wohnung zu tragen. „Und bring keine Möbel mit", ermahnte sie Maja. „Nein, nein, nur mein schönes neues Bett. Das habe ich schließlich bezahlt!" Doch damit war Ute gar nicht einverstanden. „Möchtest Du wirklich weiterhin in einem Bett schlafen, das dich an Philipp erinnert?" Maja dachte kurz nach, dann sagte sie. „Gut, ich bringe nur den alten **Sekretär** mit, den ich von euch bekommen habe."

Als Maja und Harald aus dem Haus waren, rief Ute die Lieferanten für die Hochzeit an, um die Aufträge zu **stornieren**[15].

Der **Pfarrer** war sehr verständnisvoll. Ute sagte der Kirche eine **Spende**[16] zu. Das Blumengeschäft bedauerte sehr, dass der Auftrag storniert wurde, machte aber keine Schwierigkeiten. Dem Floristen waren noch keine Kosten entstanden. Ute war erleichtert.

Ein Möbelstück, das man wie einen Kasten schließen kann. Wenn man etwas schreiben will, kann man den Deckel als Schreibtischplatte herunterklappen.

ein Geistlicher, der in einer christlichen Kirche arbeitet

Der nächste Anruf, da war sie sich sicher, würde bestimmt schwieriger werden. Sie rief bei der **Schneiderin** an, bei der sie das **Brautkleid** bestellt hatte. Das Kleid, das wusste Ute, war noch nicht ganz fertig. Sie erlärte der Schneiderin die ganze Situation. Zu ihrer Überraschung antwortete die Schneiderin: „Normalerweise müsste ich Ihnen das Kleid in Rechnung stellen. Aber zufällig war vor ein paar Tagen eine Kundin bei mir, die fast dasselbe Kleid bestellt hat. Ich kann das Kleid ihrer Tochter für diese Kundin ändern." Ute **fiel ein Stein vom Herzen**[17]. Denn das Brautkleid hätte sehr viel Geld gekostet.

Zuversichtlich rief Ute beim Restaurant an, wo die Hochzeitsfeier stattfinden sollte. Aber hier **biss sie auf Granit**[18]. „Es tut mir leid, eine Stornierung ist nur bis sechs Wochen vor Veranstal-

9 **loslegen** - mit viel Energie anfangen
10 **delegieren** - hier: Aufgaben verteilen.
11 **ohne Umschweife** - direkt, ohne Small Talk oder lange Begrüßung
12 **aufkreuzen** - (umg.) ohne Einladung vorbeikommen
13 **jmdm. das Wort abschneiden** - jmdn. unterbrechen
14 **auflegen** - ein Telefongespräch beenden
15 **stornieren** - auflösen
16 **die Spende** - das Geldgeschenk
17 **jmdm. fällt ein Stein vom Herzen** - jmd. ist sehr erleichtert
18 **auf Granit beißen** - mit jmdm. reden, der keine Kompromisse eingehen will

tungsbeginn möglich." Immer wieder wiederholte die Dame am anderen Ende der Leitung diesen einen Satz. Sie wollte auch nicht den **Geschäftsführer**[19] ans Telefon holen.

Aber so leicht ließ Ute sich nicht **abwimmeln**[20]. Sie stieg auf ihr Fahrrad und fuhr zum Restaurant, das sich in einem Schloss befand. Maja und Philipp hatten als Ort für ihre Hochzeit Schloss Marienburg ausgewählt. Ein Märchenschloss für eine Märchenhochzeit! Dort bestand sie darauf, den Geschäftsführer zu sprechen. Doch auch der hörte ihr kaum zu. „Meine Assistentin hat Ihnen schon alles erklärt. Lesen Sie den Vertrag, darin steht es schwarz auf weiß. Ihre Tochter hat unterschrieben, damit hat sie den Vertrag anerkannt. Das Buffet, das sie bestellt hat, wird wie vereinbart aufgebaut. Egal, ob Gäste kommen oder nicht! Die Rechnung muss sie bezahlen."

Frustriert fuhr Ute wieder nach Hause. Dieses Mal brauchte sie eine heiße Schokolade. Und die machte Harald ihr gleich, als er mit Maja nach Hause kam. Dann setzten sich die drei zusammen und suchten nach einer Lösung.
„Und wenn wir alles **einfrieren**[21]?", war Haralds Vorschlag. „Papa, ein Buffet für 120 Gäste. Und vieles kann man gar nicht einfrieren." Ute meinte: „Was ist, wenn wir den Hochzeitsgästen nicht absagen und mit ihnen feiern?" Aber diese Idee gefiel Maja natürlich auch nicht.
Sie kamen einfach zu keiner Lösung. Sollten Sie das Essen denn **verkommen**[22] lassen?

Am nächsten Morgen las Harald wie jeden Morgen Zeitung im Internet. Ein Artikel über **Obdachlose**[23] interessierte ihn besonders. „Ich hab's! **Was haltet Ihr davon**[24], wenn wir

ein Festessen für Obdachlose veranstalten?“ Die beiden Frauen fanden diesen Vorschlag gut.
Sofort rief Ute die Kirchen und **Wohlfahrtsverbände**[25] an. Schließlich telefonierte sie auch noch einmal mit dem Restaurant und erklärte: „Das Festessen findet doch statt!“

So kam es, dass am Tag der geplanten Hochzeit im Restaurant doch ein Festessen stattfand. Ein Essen, das viele Menschen glücklich machte. Nur nicht den Geschäftsführer des Restaurants. Der **fiel** fast **in Ohnmacht**[26], als er die Gäste sah.

Schloss Marienburg liegt ca. 30 km im Süden von Hannover. Es wurde im 19. Jahrhundert von König Georg V. von Hannover erbaut. Heute ist es ein beliebter Ort für Feiern, Tagungen, Konzerte und andere Veranstaltungen.

die Hochzeitstafel

19 **der/die Geschäftsführer/-in** – der Chef/die Chefin
20 **abwimmeln** – so reden, dass jmd. seine Pläne aufgibt
21 **einfrieren** – bei -18°C aufbewahren
22 **verkommen** – verderben
23 **der/die Obdachlose** – eine Person, die keine Wohnung hat und auf der Straße lebt
24 **Was haltet ihr davon?** – Wie findet ihr das?
25 **der Wohlfahrtsverband** – Organisation mit sozialen Aufgaben
26 **in Ohnmacht fallen** – das Bewusstsein verlieren, umfallen

14 LAURAS OPERNABEND

Verflixt[1], wo ist dieser Brief? Laura ist sicher, dass sie ihn auf der Kommode im Flur abgelegt hat. Aber dort ist er nicht. Sie ist schon spät dran. Wenn sie die nächste Straßenbahn **nicht erwischt**[2], ist ihre ganze Tagesplanung **dahin**[3]. Und Laura mag es gar nicht, wenn ihre Pläne **durchkreuzt werden**[4]. Vielleicht ist der Brief zwischen die Post ihres Vaters geraten?

Seit nunmehr vier Jahren lebt Laura mit ihrem Vater zusammen. Allein die Vorstellung, mit ihrem Vater zusammenzuleben, ist für die meisten Menschen schrecklich. Aber bei den beiden klappt es richtig gut. Vielleicht liegt es daran, dass Laura als Kind bei ihrer Mutter lebte. Ihre Eltern hatten sich getrennt, als sie erst sechs Jahre alt war. Der Vater war dann 1991, kurz nach der **Wiedervereinigung**[5], aus beruflichen Gründen nach Dresden gezogen.
Als Laura vor vier Jahren eine Stelle als Redakteurin in einem Dresdner Verlag bekam, beschlossen sie, **vorübergehend**[6] zusammenzuziehen. Und es gefiel beiden so gut, dass Laura gar nicht mehr daran dachte, jemals wieder auszuziehen.

Dresden liegt im Bundesland Sachsen. Es hat eine wunderschöne Altstadt mit Gebäuden aus vielen verschiedenen Epochen.

Laura geht ins Zimmer ihres Vaters. Seine Post liegt wie immer auf seinem Schreibtisch. Als Laura die Post ihres Vaters **durchblättert**[7], fällt ihr ein weißer Umschlag auf. Der Umschlag ist nicht zugeklebt. Und nun macht sie etwas, das sie noch nie getan hat. Etwas, das in diesem Haushalt absolut **tabu**[8] ist: Sie öffnet den Umschlag.

Und jetzt macht sie etwas, das sie noch nie getan hat. Etwas, das absolut tabu ist.

Was sie sieht, kann sie kaum glauben: Zwei Karten für die Oper. In der ersten Reihe!

Erst vor ein paar Tagen hatte sie ihrem Vater erzählt, dass zwei Wochen später in der Semperoper „Lady Macbeth von Mzensk" von Schostakowitsch aufgeführt wurde. Beide, sie und ihr Vater, liebten diese Oper. Aber er war auf ihre Bemerkung gar nicht **eingegangen**[9]. Er hatte nur gefragt: „So?" und dann hatte er weiter an seinem Laptop gearbeitet.

Und nun findet Laura diese Karten. Aber warum hat Papa ihr nichts davon gesagt? Bestimmt möchte er sie überraschen! Am nächsten Tag macht Laura früher Feierabend und geht in die Stadt. Dort kauft sie sich ein schickes, **sündhaft teures**[10] schwarzes Etuikleid. Das möchte sie in die Oper anziehen.

1 **verflixt** - (Ausruf) wie unangenehm, ärgerlich
2 **nicht erwischen** - verpassen
3 **dahin** - kaputt
4 **durchkreuzt werden** - nicht klappen
5 **die Wiedervereinigung** - Zusammenschluss von BRD und DDR
6 **vorübergehend** - nicht für immer
7 **durchblättern** - in Papieren suchen
8 **tabu** - verboten
9 **eingehen auf** - kommentieren
10 **sündhaft teuer** - sehr teuer

Durch Dresden fließt die Elbe.

Die nächsten Tage ist sie **gespannt wie ein Flitzebogen**[11] Wann **rückt** er endlich **mit der Sprache heraus**[12]? Wahrscheinlich erst am Freitag, wenn es in die Oper geht.

Endlich ist es Freitag. Am Nachmittag geht Laura zum Friseur. Ihre Friseurin ist eine **Meisterin ihres Fachs**[13]. Nach einer knappen Stunde hat Laura eine perfekte **Hochsteckfrisur**. Zu Hause ist noch genügend Zeit für eine Gesichtsmaske, bevor sie ihr neues Kleid anzieht und das Make Up auflegt. Dazu trägt sie mörderisch hohe Pumps. Sie ist sehr zufrieden mit dem Ergebnis. Sie sieht fantastisch aus!

Wo Papa nur bleibt? Laura beschließt, zur Feier des Tages ein Glas Sekt zu trinken, und öffnet eine Flasche. Und tatsächlich, Papa kommt ins Wohnzimmer. Er sieht richtig gut aus. Er trägt seinen dunklen Anzug, ein weißes Hemd mit silbernen **Manschettenknöpfen** und eine dezent gemusterte dunkle Krawatte. „**Mit ihm kann man sich sehen lassen**[14]!", denkt Laura.

Er **strahlt** Laura **an**[15]: „Wie ich sehe, hast Du heute Abend etwas vor. Du siehst **umwerfend**[16] aus!" „Du auch, Papa!" Laura freut sich sehr über das Kompliment, da hat er ihr sich schon wieder umgedreht und geht in den Flur. An der Garderobe schnappt er sich seinen dunkelblauen Kaschmirmantel und ruft ihr über die Schulter zu: „Ich habe es eilig! Ich wünsche Dir einen schönen Abend. Tschüss!" Da **fällt** auch schon die Wohnungstür **ins Schloss**[17].

Laura ist verwirrt. Was war das denn? Er hat sie einfach **stehen lassen**[18]! Geht er etwa alleine in die Oper? Nein, schließlich hat er ja zwei Karten. Sie **versteht die Welt nicht mehr**[19]. Dabei hatte sie sich so auf den Abend gefreut. Und so viel Geld ausgegeben. Was soll sie jetzt tun? Soll sie alleine ausgehen, so toll wie sie heute aussieht? Nein, alleine macht das keinen Spaß. Laura ist **hin- und hergerissen**[20].

Weil sie so aufgeregt war, hat sie den ganzen Tag über nichts gegessen. Wahrscheinlich ist ihr deshalb schon nach dem einen Sekt leicht **schwindelig**[21], was bei den mörderisch hohen Pumps sehr gefährlich ist. Also weg mit den Schuhen! Nach ein paar Minuten - und drei weiteren Gläsern Sekt - beschließt sie, sich erst einmal eine Pizza zu bestellen.

Wenn man als Frau abends alleine zu Hause sitzt, kann es trotzdem noch ein supertoller Abend werden, wenn man sich einen guten Film ansieht. Wie gut, dass es das

11 **gespannt sein wie ein Flitzebogen** - extrem erwartungsvoll sein

12 **mit der Sprache herausrücken** - etwas Geheimes erzählen

13 **die Meisterin ihres Fachs** - In ihrem Bereich sehr gut

14 **Mit ihm kann man sich sehen lassen!** - Es muss einem nicht peinlich sein, mit dieser Person auszugehen.

15 **jmdn. anstrahlen** - sich so freuen, dass die Augen leuchten

16 **umwerfend** - toll

17 **Die Tür fällt ins Schloss** - die Tür geht mit einem Klicken zu

18 **jmdn. stehen lassen** - ohne jmdn. weggehen

19 **die Welt nicht mehr verstehen** - (idiom.) gar nichts mehr verstehen

20 **hin- und hergerissen** - mit sehr unterschiedlichen Gefühlen

21 **schwindelig** - bei Aufregung: das Gefühl, dass alles sich dreht und / oder die Beine weich werden

Internet gibt. Denn was findet Laura dort? Einen Film von Peter Weir: „Lady Macbeth von Mzensk“. Laura ist begeistert. So toll wie dieser Film konnte die Vorstellung in der Semperoper niemals sein!
Laura erlebt einen Abend voller Emotionen: sie fühlt mit der Protagonistin Katerina, sie liebt, leidet und weint mit ihr. Und sie isst Pizza und trinkt noch eine Flasche Sekt.

Als Laura aufwacht, ist es taghell. Auf ihrem Bauch, auf ihrem neuen, sündhaft teuren Kleid, liegt ein angebissenes Stück Pizza. Ihr Kopf tut ziemlich weh. Da hört sie, wie die Wohnungstür aufgeschlossen wird. Papa kommt jetzt erst nach Hause.

„Hoffentlich geht er gleich in sein Zimmer. Dann komme ich noch leise in mein Zimmer“. Doch bevor sie zu Ende denken kann – das Denken geht heute etwas langsam –, steht er auch schon vor ihr. Er grinst sie an und meint: „Ich glaube, ich mache uns erst einmal einen Kaffee. Du kannst in der Zwischenzeit

ins Bad gehen. Ich ziehe mir auch etwas Bequemes an."
Kurze Zeit später sitzen sie am Küchentisch. Hier erzählt Laura ihrem Vater alles: Wie sie die Karten gefunden hat, wie sie sich gefreut hat und wie sie ihren Abend alleine verbracht hat. Ihr Vater **druckst** eine Weile **herum**[22]. Doch dann erzählt auch er: Dass er, was er niemals mehr für möglich gehalten hatte, eine tolle Frau namens Manuela kennen gelernt hat. Dass er mit Manuela in der Oper war, weil auch sie Schostakowitsch liebt. Und vor allem, dass er keine Ahnung hatte, wie er das alles seiner Tochter **beibringen**[23] sollte. Und dass er **heilfroh**[24] ist, dass Laura jetzt von Manuela weiß.

Die **Semperoper** ist ein Opernhaus im historischen Zentrum von Dresden. Sie wurde nach dem Architekten **Gottfried Semper** benannt.

22 **herumdrucksen** – Angst haben, etwas zu sagen
23 **beibringen** – etwas Schwieriges erzählen
24 **heilfroh** – sehr erleichtert

15 EIN BUCH VOLLER ERINNERUNGEN

Es ist ein sonniger Tag im Mai, als Gerlinde mit ihrem Mann Konrad und ihrer neunjährigen Enkelin Nina die Katharinenkirche betritt. Diese wunderschöne alte Kirche ist das zweitälteste Gebäude Hamburgs. Sie wurde im Zweiten Weltkrieg fast vollständig zerstört. Durch viel **Engagement**[1] der Bevölkerung konnte sie zwischen 2007 und 2014 wiederaufgebaut und neu eröffnet werden. Die **Sanierungen**[2] sind noch längst nicht abgeschlossen. **Nicht zuletzt**[3] deshalb findet heute der große **Bücherflohmarkt**[4] statt. Die Einnahmen sollen für die weitere Sanierung verwendet werden.

Nina zieht Konrad sofort in die Richtung der Kinder- und Jugendbuch-Abteilung. Gerlinde geht alleine weiter. **Aus unerklärlichen Gründen**[5] interessieren sie die meisten Büchertische und Regale nicht. Doch dann fällt ihr ein kleines Buch mit rotem Ledereinband auf. Es trägt keinen Titel. Ein Buch, das so aussieht, hatte sie auch einmal besessen. Aber das ist lange her.

Neugierig nimmt sie das Büchlein in die Hand und schlägt es auf. **Ihr stockt der Atem**[6]. In dem Buch steht eine **Widmung**:

Worte, die man in ein Buch schreibt, damit deutlich wird, dass es ein Geschenk ist.

Tatsächlich. Es ist ihr Buch. Aber das kann unmöglich sein!

Uwe! Sie sieht ihn noch vor sich. Seine schönen, blonden Locken, seine großen blauen Augen und sein strahlendes Lächeln. Ein Lächeln, mit dem er jeden **um den kleinen Finger wickeln**[7] konnte. Gerlinde **versinkt in Erinnerungen**[8].

Schon in der Grundschule waren Uwe und sie miteinander befreundet. Und ab der siebten Klasse waren sie ein Paar. Gerlinde war sich damals sicher, dass sie beide ihr Leben miteinander verbringen würden.

1 **das Engagement** – Arbeit ohne Bezahlung, die nur den eigenen Idealen dient

2 **die Sanierung** – die Renovierung von öffentlichen Gebäuden

3 **nicht zuletzt** – auch

4 **der Bücherflohmarkt** – ein Markt, auf dem gebrauchte Bücher verkauft werden

5 **aus unerklärlichen Gründen** – man weiß nicht, warum

6 **jmdm. stockt der Atem** – jmd. bekommt (vor Aufregung) keine Luft mehr

7 **um den kleinen Finger wickeln** – (idiom.) sehr leicht beeinflussen können

8 **in Erinnerungen versinken** – nur noch an die alten Zeiten denken

Die **Landungsbrücken** im Hamburger Hafen sind ‚Parkplätze' für große Passagierschiffe. Sie liegen im Stadtteil **St. Pauli.**

Mit Uwe war das Leben aufregend. Er war voller Energie und hatte scheinbar vor nichts Angst. Und sie war immer an seiner Seite. Während sie studierte, machte er eine Ausbildung zum Drucker. Abends spazierten sie oft Hand in Hand zu den **Landungsbrücken**. Von dort aus betrachteten sie den Hafen und Uwe begann zu erzählen. Von fernen Ländern und dass er eines Tages mit einem Schiff mitfahren würde. Denn er wollte sich unbedingt die Welt anschauen!

Eines Tages, kurz nachdem er seine Ausbildung beendet hatte, schenkte er ihr das rote Büchlein. Er hatte es selbst gedruckt. Auf jeder Seite stand ein Liebesgedicht. Nein, die Gedichte waren nicht selbst geschrieben, sondern von bekannten Dichtern aus allen Epochen. Uwe hatte das Buch in rotes Leder binden lassen, weil Rot ihre Lieblingsfarbe war.

Gerlinde erinnert sich, wie sie sich damals über das Büchlein gefreut hatte. Doch ein paar Minuten später war der Schock gekommen. Denn das Büchlein war sein Abschiedsgeschenk gewesen. Uwe hatte gesagt, dass er auf einem Schiff **angeheuert**[9] hatte und schon zwei Tage später nach Amerika fahren würde. Sie war **in Tränen ausgebrochen**[10]. Damit war für sie **eine ganze Welt zusammengebrochen**[11].

„Ich komme wieder. Ich verspreche es. In spätestens einem Jahr bin ich wieder da." Uwe hatte ihr tief in die Augen gesehen, als er ihr das Versprechen gegeben hatte. Wahrscheinlich hatte er selbst fest daran geglaubt.

Zwei Wochen später kam der erste Brief von ihm aus New York. Und anfangs schrieb er auch mindestens einmal pro Woche. Uwe reiste weiter nach Kanada und arbeitete dort den Sommer über auf einer Farm. Dann kaufte er sich ein Auto und wollte quer durch die USA reisen. Die Briefe wurden immer seltener. Später bekam Gerlinde ab und zu eine Postkarte. Nach ungefähr einem Jahr hörte er ganz auf zu schreiben.

Das war im November 1971. Gerlinde lächelt, als sie sich daran erinnert, wie sie den Winter über jeden Abend in dem roten Büchlein las und **sich** dann **in den Schlaf weinte**[12]. Trotzdem hoffte sie immer noch, dass er zurückkommen oder ihr wenigstens wieder schreiben würde.
Als der Frühling kam, beschloss Gerlinde, mit dem Warten aufzuhören. Sie war nun 20 Jahre alt. Zu jung, um für den Rest des Lebens zu warten und zu trauern. Sie warf alles weg, was sie an Uwe erinnern konnte.
Auch das rote Büchlein wanderte in die Mülltonne. Deshalb ist es ihr ein Rätsel, wie es hierher kommt. Jemand muss es aus dem Müll **herausgefischt**[13] haben.

Nur ein paar Monate später traf sie Konrad. Konrad, der

9 anheuern - eine Arbeitsstelle annehmen

10 in Tränen ausbrechen - anfangen zu weinen

11 eine Welt bricht zusammen - jmd. muss plötzlich alle Träume aufgeben

12 sich in den Schlaf weinen - so lange weinen, bis man vor Erschöpfung einschläft

13 herausfischen - (umg.) herausholen

so ganz anders ist als Uwe. Konrad ist nicht **draufgängerisch**[14], er handelt ruhig und überlegt. Es dauerte, aber Konrad schaffte es, dass Gerlinde wieder Freude am Leben fand. Gerlinde erinnert sich an den Schreck, den sie bekam, als Konrad davon anfing, dass auch er sich die Welt anschauen wollte. Und wie glücklich sie war, als er sagte: „Die Welt anschauen kann man sich auch hier. Lass uns gemeinsam mit Europa anfangen. Das reicht vorerst!"

Und wie sie sich dann gemeinsam die Welt anschauten! Mit Konrads alten **Bulli** waren sie in ganz Europa unterwegs – in Schottland, am Nordkap, in Griechenland, Frankreich, Spanien ... Zuerst nur sie beide, später dann, nachdem ihre Tochter Marietta zur Welt gekommen war, zu dritt. Es war eine schöne Zeit!

Gerlinde erwacht aus ihren Erinnerungen. **Versonnen**[15] schaut sie auf das rote Büchlein in ihrer Hand. Da **stupst**[16] sie jemand zärtlich **an**. Es ist Konrad, ihr Konrad, der mit Nina neben ihr steht. „Hast Du etwas gefunden? Was ist denn das?", fragt er und zeigt auf das rote Büchlein in ihrer Hand. „Ach, nichts Wichtiges!", antwortet Gerlinde und legt das Büchlein zurück auf den Tisch.

Als sie in Richtung Ausgang gehen, **hakt sich** Gerlinde bei Konrad **unter** und legt für einen kurzen Moment ihren Kopf auf seine Schulter. Ein letztes Mal denkt sie an Uwe: „Ich hoffe, er hat in seinem Leben genauso viel Glück gehabt wie ich".

14 **draufgängerisch** – stürmisch, risikofreudig

15 **versonnen** – verträumt, nachdenklich

16 **anstupsen** – anstoßen

Kleinbus, der in den 60-er und 70-er Jahren sehr beliebt war

sich einhaken - seinen Arm in den Arm eines anderen schieben

Bulli

16 DER MANN, DER AUF EINEN BAUM STIEG

Tom wollte gerade in die Küche gehen, um sich eine Tasse Kaffee zu machen. Da hörte er durch die offene Terrassentür, wie jemand draußen im Garten seinen Namen rief. Ganz **zärtlich**[1] klang die Frauenstimme: „Tom! Tom! Na komm, mein Süßer, komm zu mir!“ Hatte er **sich verhört**[2]?

Neugierig trat Tom auf die Terrasse. Die Frauenstimme gehörte seiner neuen Nachbarin. Sie war erst vor zwei Wochen in die Wohnung nebenan gezogen. Und wie hübsch sie aussah! Die lockigen blonden Haare hatte sie **hochgesteckt**[3], sie trug eine enge schwarze Hose und einen hellen **flauschigen**[4] Strickpullover. **Reizend**[5], einfach reizend!

1 **zärtlich** - liebevoll
2 **sich verhören** - falsch hören
3 **hochstecken** - mit Nadeln eng am Kopf fixieren
4 **flauschig** - weich, kuschelig
5 **reizend** - hübsch
6 **nur im Geringsten** - hier: eventuell
7 **gefährden** - in Gefahr bringen

Nun war Tom verheiratet, schon sehr lange verheiratet, mit der besten aller Ehefrauen. Er würde nie etwas tun, was seine Ehe **nur im Geringsten**[6] **gefährden**[7] könnte. Aber er genoss es, wie es die beste aller Ehefrauen ausdrückte, „**verknallt**“ zu sein.

die Stelle an der ein Ast abzweigt

Laubbaum mit herzförmigen Blättern und gelben Blüten

Ein bisschen **Herzflattern**[8] haben, mehr wollte er nicht. Manchmal war er nur für eine Stunde verknallt, manchmal für ein paar Tage, und manchmal – ganz, ganz selten – sogar für ein paar Wochen. Und in die neue Nachbarin war er verknallt, seit er sie das erste Mal gesehen hatte.

Die Nachbarin rief allerdings nicht nach ihm, sondern nach einer kleinen, rotgetigerten Katze. Die Katze saß in ca. drei Metern Höhe auf der großen alten **Linde**, die im Garten stand, und miaute ängstlich.

„Sie ist einfach **abgehauen**[9] und kommt jetzt nicht mehr zurück. Es sieht so aus, als ob sie Angst hätte, wieder herunterzuklettern. Und dabei muss ich dringend aus dem Haus, ich habe eine wichtige Verabredung." Sie sah Tom mit ihren großen braunen Augen **treuherzig**[10] an. Toms Herz **klopfte bis zum Hals**[11]. Er, der sowieso immer und jedem half, konnte gar nicht anders. Er beruhigte sie: „Das kriegen wir schon hin."

Er holte die Leiter aus seinem Keller und lehnte sie gegen den Baumstamm. Die Katze saß oben in einer **Astgabel**. Sie sah Tom interessiert zu, als er die Leiter **erklomm**[12]. Doch gerade, als er seine Hand ausstrecken wollte, um nach der Katze zu greifen, entschloss sie sich, an dem rechten Ast weiter hinaufzuklettern.

Tom überlegte nicht lange. Eigentlich überlegte er gar nicht, sondern stieg der Katze einfach hinterher. Wie er das schaffte, wird ihm wohl immer **ein Rätsel bleiben**[13]. **Jedenfalls**[14] wollte er, nachdem er zwei Meter an dem Ast hochgeklettert war, erneut nach der Katze greifen. Doch da sprang sie - schwupps - auf den mittleren Ast und kletterte herunter. Besser gesagt bohrte sie ihre **Krallen**[15] in den Baumstamm und rutschte mit den **Pfoten** voran immer weiter hinunter, bis sie unten auf dem Boden ankam.

der Fuß eines Tieres

Überglücklich hob ihr **Frauchen**[16] sie hoch, drückte sie an sich, drehte sich um und eilte in ihre Wohnung. Tom sah ihr **entgeistert**[17] nach. Kein Wort des Dankes, gar nichts! Sie blickte nicht einmal mehr zum Baum, als sie sich umdrehte, um ihre

8 **das Herzflattern** - das Herz schlägt sehr schnell
9 **abhauen** - weglaufen
10 **treuherzig** - voller Vertrauen
11 **bis zum Hals klopfen** - stark klopfen
12 **erklimmen** - besteigen
13 **jmdm. ein Rätsel bleiben** - jmd. versteht etwas nicht
14 **jedenfalls** - um zu Thema zurückzukommen
15 **die Kralle** - die spitzen Nägel eines Tieres
16 **das Frauchen** - die Besitzerin eines Tieres
17 **entgeistert** - verständnislos

Terrassentür zu schließen. Zwei Minuten später sah er sie mit ihrem Auto aus der Tiefgarage fahren. Und weg war sie! Tom fand sie nun überhaupt nicht mehr reizend „Blöde Kuh" war noch das Netteste, was er jetzt über sie dachte.

Nun hing Tom in fünf Metern Höhe auf der großen, alten Linde im Garten, zwei Meter von der Leiter entfernt. Er beschloss, es dem Katzenvieh **gleichzutun**[18] und den dicken Ast herunterzurutschen. Nur hatte er leider keine Krallen! Er hatte furchtbare Angst, deshalb schloss er lieber die Augen. So langsam wie möglich rutschte er runter. Es war ihm egal, ob seine Kleidung dabei kaputtging, denn er hatte eine **Heidenangst**[19]. Er sah sich schon tot am Boden liegen. Aber, oh Wunder, er erreichte die Astgabel ohne große Verletzungen. Nur die Handflächen waren **aufgeschürft**[20].

Immer noch hatte er große Angst. Vorsichtig drehte er sich auf den Bauch. Rückwärts suchte er mit den Füßen nach der Leiter. Wo war sie nur? Vielleicht noch ein Stückchen weiter ... Gerade hatte er sie doch noch mit den Zehen gespürt.

Als er den **dumpfen Schlag**[21] hörte, geriet er fast in Panik. Er hatte die Leiter mit den Zehen umgeworfen. So ein Mist! Vorsichtig, damit er ja nicht herunterfiel, setzte er sich wieder hin. Nach kurzer Zeit hatte er eine stabile und sichere Position gefunden.

Aber was war das? Hörte er da nicht ein **Donnergrollen**? Das Grollen kam schnell näher. Schon eine Viertelstunde später fing das **Gewitter** an. **Blitze**

das Geräusch, das einem Blitz folgt

ein Unwetter mit Blitz, Donner und Regen

zuckten am Himmel. Durch das dichte Blätterdach war Tom **einigermaßen**[22] vor dem Regen geschützt, aber eben nur einigermaßen. Nach kurzer Zeit war er **klatschnass**[23].
Tom überlegte, ob er laut um Hilfe rufen sollte. Zwar würde er **sich zum Gespött** der Nachbarschaft **machen**[24] aber das war immer noch besser, als im **strömenden Regen**[25] in der Dunkelheit auf einem Baum zu sitzen. Denn es fing bereits an zu **dämmern**[26].

Gerade als er Luft holen wollte, um möglichst laut rufen zu können, ging in seiner Wohnung das Licht an. Die beste aller Ehefrauen war zurück! Schon lange hatte er sich nicht mehr so auf sie gefreut.
Als sie ihn rufen hörte, kam sie auf die Terrasse. Verwundert blickte sie zu ihm herauf. Dann lachte sie - das in seinen Augen schönste Lachen der Welt - und fragte. „Aber Schatz, was machst Du denn im Regen auf dem Baum?"

18 **jmdm. gleichtun -** genauso wie jmd. machen

19 **die Heidenangst -** die große Angst

20 **aufgeschürft -** an der Haut verletzt

21 **der dumpfe Schlag -** das Geräusch, das ein schwerer Gegenstand macht, wenn er auf den Boden fällt

22 **einigermaßen -** ziemlich

23 **klatschnass -** komplett nass

24 **sich zum Gespött machen -** sich lächerlich machen

25 **der strömende Regen -** der starke Regen ohne Pause

26 **dämmern -** dunkel werden

17 EINE ROMANTISCHE FAHRT IM MONDSCHEIN

Um 17 Uhr stiegen wir in mein Auto. Ich freute mich **unbändig**[1], denn heute waren wir zu einer romantischen Fahrt über die Alb eingeladen. Und zwar nicht mit dem Auto, sondern mit der **Kutsche**. Und das auch noch nachts, bei Vollmond!

Fabian hingegen freute sich nicht. Er fand eine romantische Kutschfahrt **spießig**[2]. Ich hatte Fabian in den Osterferien kennengelernt und mich sehr gefreut, als er mich besuchen wollte. Nun war er seit ein paar Tagen hier und ging mir furchtbar auf die Nerven. An allem hatte er etwas **auszusetzen**[3]: an meiner Wohnung – dabei wohnt er noch bei seinen Eltern, am Essen – dabei kann er selbst überhaupt nicht kochen, **schlichtweg**[4] an allem. Und in diese **Nervensäge**[5] soll ich mich damals verliebt haben? Gott sei Dank fuhr er in zwei Tagen wieder nach Köln zurück.

Es war ein sonniger, heißer Nachmittag, ich hatte die Fenster geöffnet und wir hörten Musik. Fabian wollte „Sweet Home Alabama" hören. Nur dieses eine Lied. Wieder und immer wieder. Es lief, bis wir ankamen. Eine dreiviertel Stunde lang! Ich glaube, ich habe für den Rest meines Lebens genug davon!

Um 18 Uhr sollten wir im Stall sein. Hier wurden wir auch schon vom „Kutscher vom Lichtenstein" begrüßt. Er freute sich, ein junges Pärchen bei einer romantischen Kutschfahrt begleiten zu dürfen.

„Die Romantik kann mich mal. Ich will Action!"

„Romantik? Phh!", Fabian **schnaubte verächtlich**[6]. „Die Romantik **kann mich mal**[7]. Ich will Action!"
Der Kutscher schaute Fabian kurz an. Seine blauen Augen blitzten **vergnügt**[8]: „Ich bin gleich wieder da."

ein Wagen, der von Pferden gezogen wird

Während der Kutscher für ein paar Minuten fort war, saß Fabian auf einer Bank vor dem Stall und spielte gelangweilt auf seinem Handy. Ich hingegen schaute mich neugierig im Stall um. Und freundete mich gleich mit einer sehr netten, kleinen Katze an, die dort lebte. Die Pferde im Stall waren alle „Süddeutsches Kaltblut". Nachdem der Kutscher wieder da war, wurden zwei davon vor unsere Kutsche **gespannt**.

spannen - die Gurte eines Pferdes an einer Kutsche befestigen

Ich merkte gleich, dass Fabian Angst vor den Pferden hatte. Der Kutscher musste

1 **sich unbändig freuen -** sich sehr freuen
2 **spießig -** zu traditionell, langweilig
3 **an allem etwas auszusetzen haben -** ständig und alles kritisieren
4 **schlichtweg -** einfach
5 **die Nervensäge -** (umg., abwertend) Person, die einem auf die Nerven geht
6 **verächtlich schnauben -** Luft durch die Lippen stoßen (Ph!/Pah!)
7 **... kann mich mal! -** ... ist mir egal!
8 **vergnügt -** fröhlich

sie festhalten, erst dann **traute** er **sich**[9] einzusteigen. Endlich fuhren wir los. Fabian machte zwar ein **verdrießliches**[10] Gesicht, aber ich hatte beschlossen, die Kutschfahrt zu genießen. Ganz egal, was er tat oder sagte!

Es war noch sehr warm, und die Abendsonne verbreitete ein angenehm goldenes Licht. Nach einem kurzen Stück auf der Straße bogen wir ab und fuhren **querfeldein**[11]. Durch einen kleinen Wald, durch wunderschön blühende Wiesen und Felder, in denen neben **Getreide** auch **Kornblumen** und **Mohn** üppig wuchsen.
Wir fuhren an Kühen und Pferden vorbei. Und die Tiere begleiteten uns ein Stück. Anscheinend freuten sie sich, uns zu sehen. Und es duftete nach Sommer!

Neben einer Wiese machten wir die erste Pause. In der Kutsche las der Kutscher uns ein paar seiner selbst geschriebenen Gedichte und Geschichten vor. Die Sonne stand schon ziemlich tief, und wir beschlossen, vor der langen Nacht erst einmal etwas zu essen. Also fuhren wir bei einem grandiosen Sonnenuntergang nach Ödenwaldstetten ins Gasthaus Lamm, wo wir **uns** mit einem **zünftigen**[12] „Braumeistersteak" **stärkten**[13] und köstliches hausgemachtes Hefeweizenbier tranken.

Während wir auf das Essen warteten, erzählte der Kutscher die **Legende**[14] vom **Hirsch** mit den **glühenden**[15] Augen. Böse Menschen sollten aufpassen. Denn der Hirsch mit den glühenden Augen, so sagt man, kommt in dieser Gegend nachts bei Vollmond, sucht böse Menschen und tötet sie mit Blitzen aus seinen glühenden Augen.
Mir hat die Geschichte sehr gefallen. Fabian dagegen maulte: „So ein Blödsinn! Das können Sie kleinen Kindern erzählen, aber nicht uns!"

Es war schon dunkel, als wir weiterfuhren. Die Lampen links und rechts sowie hinten an der Kutsche wurden angemacht. Da es ziemlich kühl wurde, **kuschelten**[16] wir **uns** in Decken. Fabian schlief, der Kutscher und ich genossen die Fahrt durch eine scheinbar endlos weite Landschaft.
Die Pferde **dampften**[17] in der kühlen Nachtluft. Sie schliefen zwischendurch ein bisschen, obwohl sie doch den Wagen zogen. Erstaunlich! Der Mond stand riesengroß am Himmel und ließ sein Licht über die Alb scheinen. Es war so hell, dass wir unsere Schatten sehen konnten! Nebel stieg auf und ich musste **unwillkürlich**[18] an das Lied von Matthias Claudius „Der Mond ist aufgegangen" denken.

9 **sich trauen** – den Mut haben
10 **verdrießlich** – finster, schlecht gelaunt
11 **querfeldein** – nicht mehr auf festen Straßen
12 **zünftig** – entsprechend der lokalen Küche
13 **sich mit etw. stärken** – etw. essen
14 **die Legende** – eine für eine Region typische Geschichte
15 **glühen** – vor Hitze leuchten
16 **sich kuscheln** – sich gemütlich hinsetzen oder hinlegen
17 **dampfen** – von heißen Gegenständen oder Körpern: Nebel verbreiten
18 **unwillkürlich** – automatisch

Leider wachte Fabian irgendwann wieder auf. Er **schreckte aus dem Schlaf**[19], als ein **Käuzchen** schrie. Voller Angst fragte er: „Was war das?" Noch bevor ich antworten konnte, sagte der Kutscher: „Das war bestimmt der Hirsch mit den glühenden Augen. Das ist sein Ruf."
Im Mondlicht konnte ich sehen, wie Fabian die Augen weit **aufriss**[20] und sich hektisch umsah.

Mittlerweile fuhren wir durch ein Stück Wald. Wir fuhren jetzt sehr langsam. Fabian fragte nervös: „Warum fahren wir nicht schneller? Und wann sind wir denn endlich da?" Der Kutscher flüsterte: „Psst, leise! Der Hirsch! Er muss ganz in der Nähe sein."

Wir fuhren weiter durch den Wald, bis wir an einen kleinen rauchenden Berg kamen. So etwas hatte ich noch nie gesehen. Der Kutscher meinte: „Der Hirsch. Er war hier. Ich glaube, da war vorhin ein Blitz." Er stieg aus der Kutsche und verschwand hinter dem rauchenden Berg.
Fabian war in der Kutsche aufgesprungen. Er rief voller Panik: „Halt, halt, bleiben Sie hier!" Aber der Kutscher kam nicht wieder.

Aus dem Wald war ein **Knacken**[21] zu hören. Und da tauchten sie auf: Die glühenden Augen des Hirsches. Sie schossen Blitze in unsere Richtung. Fabian schrie. Er sprang aus der Kutsche und lief schreiend in den dunklen Wald. Was für ein **Angsthase**[22]!

Da trat ein Mann aus dem Dunkel. Er hielt zwei Laserpointer in den Händen. Hinter dem rauchenden Berg trat der Kutscher hervor. Beide Männer

lachten. Auch ich musste lachen, obwohl ich zugeben muss, dass ich mich auch erst ganz schön erschreckt hatte. Wir lachten, bis uns die Tränen kamen.

Produkt, das entsteht, wenn man Holz verbrennt

Der rauchende Berg war ein **Kohlenmeiler**. Der **Köhler**[23] bewacht seinen Meiler Tag und Nacht, er kontrolliert ihn alle zwei Stunden.

Der Meiler brennt zehn Tage lang, bis die **Holzkohle** fertig ist. Und nachts sieht man den Meiler als rauchenden kleinen Berg. Ursprünglich wollte der Kutscher in der Hütte des Köhlers bei Kerzenlicht wieder ein paar Geschichten vorlesen.

ein Holzhaufen, in dem ein Feuer gemacht wird, um Holzkohle herzustellen

Wir riefen nach Fabian. Nach kurzer Zeit tauchte er auf. Wir alle drei taten so, als ob wir nicht bemerkten, dass seine Hose nass war. Der Kutscher hielt ihm einen **Flachmann** hin und meinte: „Na, war das genug Action?"

Was für eine Nacht! Was für ein Erlebnis! Und ich glaube, auch Fabian ist seit dieser Kutschfahrt klar: Wer die Alb hat, braucht kein Alabama mehr.

flache Flasche für alkoholische Getränke, die man in die Tasche stecken kann

19 **aus dem Schlaf schrecken** – plötzlich aufwachen, z. B. durch ein lautes Geräusch
20 **aufreißen** – öffnen
21 **das Knacken** – Geräusch, wenn man auf einen Stock tritt und dieser zerbricht
22 **der Angsthase** – (umg., abwertend) der ängstliche Mensch
23 **der/die Köhler/-in** – (alter Beruf:) jmd. der Kohle herstellt

18 DAS ERBE DER GROSSTANTE HEDWIG

Nun war sie tot. Endlich! Friedlich lag sie in ihrem Bett. Ganz klein und schwach sah sie jetzt aus. Großtante Hedwig hatte ja auch achtundneunzig Jahre gelebt. Das ist eine lange Zeit. Zu lange, wie Roland fand.

In letzter Zeit hatte er manchmal darüber nachgedacht, ob er selber ein bisschen **nachhelfen**[1] sollte. Aber nur kurz. Er war zwar ein **Gauner**[2], aber kein **Mörder**[3]. Das Problem war nur, dass seine **Gläubiger**[4] allmählich ungeduldig wurden. Denn er schuldete ihnen Geld, viel Geld.

Schon als er ein kleiner Junge war, sagte Großtante Hedwig immer: „Du bekommst einmal mein Haus." Aber er **machte sich** damals **nichts aus**[5] dem Haus, er dachte nur: „Was will ich mit der alten Hütte?"

Das Haus war wirklich eine alte Hütte. Es war weiß und hatte ein **Reetdach**. Seit er denken konnte, war das Dach von Moos bedeckt. Das Häuschen war sehr klein, beide Stockwerke zusammen boten kaum achtzig Quadratmeter Wohnfläche. Das Erdgeschoss bestand aus einem einzigen Raum, in dem zum Kochen und Heizen ein Kohleherd stand. Über eine **knarrende**[6] Holztreppe kam man in das Obergeschoss. Hier gab es zwei kleine Schlafzimmer. Eines gehörte Großtante Hedwig, das andere Raluka. Raluka war die rumänische Pflegerin der Großtante, sie wohnte nun schon seit mehr als zwanzig Jahren bei ihr.

der Sandstrand

Aber das alte Häuschen war viel wert. Denn es lag am Ortsrand von Kampen. Und Kampen ist der mondänste Ort auf Sylt. Hier sind die Grundstückspreise am höchsten. Häuschen wie diese waren bei reichen Leuten sehr gefragt. Sie renovierten und modernisierten sie und nutzten sie als Feriendomizil. Jetzt, da die Großtante tot war, konnte Roland das Häuschen endlich verkaufen. Von dem vielen Geld, das er bekommen würde, konnte er seine Spielschulden zahlen. Und das war dringend nötig, denn seine Gläubiger hatten schon **angedroht**[7], ihm körperliche Gewalt anzutun.

Jetzt da die Großtante tot war, konnte Roland das Häuschen endlich verkaufen.

Bestimmt blieb dann nicht mehr viel übrig. Dabei wollte

1 **nachhelfen** - hier: etwas tun, damit die Großtante schnell stirbt

2 **der/die Gauner/-in** - ungefährliche kriminelle Person, die vor allem Geldgeschäfte macht

3 **der/die Mörder/-in** - eine Person, die einen anderen Menschen tötet

4 **der/die Gläubiger/-in** - eine Person, bei der man Schulden hat

5 **sich nichts aus etwas machen** - etwas ist einem nicht wichtig

6 **knarren** - das Geräusch, das alte Holztreppen machen

7 **androhen** - versprechen, dass man etwas tut, was für die anderen gefährlich ist oder ihnen wenigstens Angst macht

8 **das Erbe** - Geldsummen oder Gegenstände, die man nach dem Tod einer Person bekommt

Raluka war hinuntergegangen, um den Arzt anzurufen. Dieser sollte kommen und den **Totenschein**[9] ausstellen. Als die Großtante für immer die Augen schloss, waren Raluka und Roland beide bei ihr gewesen.

Roland wusste genau, wo die Großtante ihr handgeschriebenes Testament aufbewahrte: In der obersten **Schublade** der **Kommode**. Sie hatte es ihm oft genug gezeigt: „Junge, wenn ich irgendwann von euch gegangen bin, findest Du hier das Testament." Und er wusste genau, was in dem Testament stand: „Mein Haus **vermache**[10] ich meinem Großneffen Roland Fuchs. Mein **Barvermögen**[11] bekommt meine treue Haushälterin und Freundin Raluka Ionescu."
Als er es erwartungsvoll aus der Schublade zog, bekam er einen Riesenschreck. Er erschrak so sehr, dass er hintenüber fiel. Direkt ins Bett neben die tote Großtante. Mit einem Aufschrei sprang er auf und las das Testament noch einmal. Denn es war nicht das Testament, das sie ihm so oft gezeigt hatte. Nein, es war ein neues Testament. Ein sehr neues! Es war erst ein paar Tage alt.

Roland konnte nicht glauben, was er da las. War die Großtante auf ihre alten Tage verrückt geworden? Eigentlich war sie bis zum Schluss **geistig voll zurechnungsfähig**[12] gewesen. Aber das konnte einfach nicht stimmen:

Mein letzter Wille

Meiner treuen Haushälterin und Freundin Raluka Ionescu vermache ich mein Haus sowie fünf Prozent meines Barvermögens. Mein Großneffe Roland Fuchs erhält fünfundneunzig Prozent meines Barvermögens.

Datiert war das Testament auf letzten Montag.

Die Großtante musste doch noch verrückt geworden sein. Hatte sie doch an **Altersdemenz**[13] gelitten? Denn sie hatte nie viel Geld gehabt. Sie hatte ausschließlich von ihrer Witwenrente gelebt.
Roland hörte Raluka die Treppe wieder heraufkommen. Schnell faltete er das Testament zusammen und steckte es in die Innentasche seines Jacketts.

Noch am selben Abend fuhr Roland mit dem Zug zurück nach Hamburg. Er durfte keine Zeit verlieren. Deshalb besuchte er am nächsten Morgen seinen Kumpel Paul. Paul war in seinen Kreisen als „Dokumenten-Paule" bekannt. Wenn jemand eine Unterschrift brauchte oder ein bestimmtes Dokument, musste er nur Paul fragen. Er war zwar nicht ganz billig, aber er **verstand sein Handwerk**[14] und konnte jedes Schriftstück perfekt **fälschen**[15].
Roland **klingelte Sturm**[16]. Nach einiger Zeit öffnete Paul endlich. Er sah noch sehr müde aus. Wütend **blaffte** er ihn **an**[17]: „Bist Du verrückt, mich um diese Zeit aus dem Bett zu jagen? Verschwinde!" Aber Roland schob sich wortlos an Dokumenten-Paule vorbei in die Wohnung.

Nachdem Paul unter der Dusche war und einen Kaffee

9 **der Totenschein** – ein Dokument, das bescheinigt, dass ein Mensch tot ist
10 **vermachen** – als Erbe schenken
11 **das Barvermögen** – das Geld, das jemand besitzt
12 **geistig voll zurechnungsfähig sein** – noch klar denken und vernünftige Entscheidungen treffen können
13 **die Altersdemenz** – Alzheimer, Krankheit, bei der Menschen nach und nach alles vergessen
14 **sein Handwerk verstehen** – seine Arbeit sehr gut machen
15 **fälschen** – illegal kopieren
16 **Sturm klingeln** – immer wieder lange an der Tür klingeln
17 **anblaffen** – ärgerlich und laut mit jemandem reden

getrunken hatte, erklärte Roland ihm seine Lage. „Du musst mir das ursprüngliche Testament schreiben."
Paul fragte nach: „Damit ich das richtig verstehe – du willst das Haus und die Raluka soll das ganze Geld bekommen? Du willst also davon gar nichts, auch keine fünf Prozent?"
Roland schüttelte den Kopf. „Nein, ich will das Haus. Die Großtante hatte kaum Geld. **Wenn es hochkommt**[18], sind auf ihrem Sparbuch gerade mal tausend Euro. Das lohnt sich doch gar nicht. Hauptsache, ich bekomme das Haus!"
Paul erklärte sich einverstanden: „Gut, wenn Du willst ... Du kannst das Testament in zwei Tagen abholen."

So kam es, dass dem Notar bei der Testamentseröffnung ein Testament von Großtante Hedwig vorlag, in dem sie ihrem Großneffen das Häuschen und ihrer Haushälterin ihr Geld vermachte. Nachdem der Notar das Testament verlesen hatte, mussten Roland und Raluka **unterschreiben**, dass sie das Erbe antreten wollten. Roland war glücklich. Und auch Raluka **strahlte**[19]. Roland wunderte sich noch, wie **genügsam**[20] Raluka doch war.

Der Notar **schüttelte** zuerst Roland **die Hand**, bevor er **sich an** Raluka **wandte**[21]: „Was werden Sie mit den 27 Millionen machen?" Roland **fiel aus allen Wolken**[22]: „27 Millionen?" Der Notar lächelte ihn an: „Ihre Großtante hat kurz vor ihrem Tod **den Euro-Jackpot geknackt**[23]. Wussten Sie das nicht? Mich wundert nur, dass sie Ihnen nichts davon vermacht hat. Nicht einmal fünf Prozent."

18 **wenn es hochkommt -** auch wenn man optimistisch ist

19 **strahlen -** so glücklich sein, dass die Augen leuchten

20 **genügsam -** bescheiden, mit Wenigem zufrieden

21 **sich wenden an -** mit jemandem sprechen

22 **aus allen Wolken fallen -** (idiom.) sehr erstaunt sein

23 **den Jackpot knacken -** das Geld aus dem Jackpot gewinnen

Ganz weit oben ...
... im Norden des Landes, liegt die Lieblingsinsel de Deutschen: Sylt.
der Horizont
12.000 Strandkörbe stehen auf der Insel. Platz genug gibt es: der Sandstrand im Westen der Insel ist 40 km lang.
182
Der erste Strandkorb wurde 1882 in Rostock erfunden. Seitdem schützen die Möbel aus Korbgeflecht Urlauber/-innen an Nord- und Ostsee vor Sonne, Wind, Regen und Sand.
Sie werden üblicherweise am Strand gemietet.

Rund eine halbe Million Touristen/Touristinnen kommen jedes Jahr auf die Insel. Erreichen kann man sie per Flugzeug oder mit dem (Auto)zug. Seit 1927 verbindet der 11,7 km lange Hindenburgdamm die Insel mit dem Festland.

Sylt wird seit Jahren kleiner! Jedes spült die Nordsee fast **1 Million** Kubikmeter Sand weg, den man aufwändig wieder aufschütten muss.

Die Insel ist seit den 1950er-Jahren auch bei den „Reichen und Schönen" sehr beliebt. Im Sommer trifft sich hier die Prominenz zum Entspannen, Feiern und Gesehen werden.

der Holzsteg

der Hummer

CHAMPAGNE

19 Wenn der Himmel brennt

Endlich war es wieder schön. Der Regen hatte aufgehört. Es war das ideale Wetter zum Grillen. Die Sonne schien und verbreitete ein goldenes Licht. Und am blauen Septemberhimmel war keine Wolke zu sehen.
Der Grill rauchte bereits. Birgit und ich brachten die Salate raus auf die Terrasse. Birgit ist die Mutter meines Freundes Markus. Markus kümmerte sich um den Grill, denn – wie alle Männer – findet Markus, dass Grillen Männersache ist.
Ich hatte einen Riesenhunger und freute mich auf das Essen. Ich liebe gegrilltes Fleisch! Dazu Salate und ein kühles Bier. **Dafür lasse** ich jedes 3-Sterne-Menü **stehen**[1].

Gerade als Markus mir das erste Steak auf den Teller legen wollte, passierte es: Sein **Pieper**[2] ging an. Das bedeutete, dass Markus sofort zu einem **Einsatz**[3] musste. Markus ist Mitglied der **Freiwilligen Feuerwehr** hier in Marburg und er nimmt seine Aufgabe sehr ernst.

In der Freiwilligen Feuerwehr sind ehrenamtliche Mitglieder tätig. Sie bekommen für ihre Arbeit kein Geld.

Kreise fliegen

Markus **ließ alles stehen und liegen**[4] und machte sich auf den Weg. Birgit und ich blieben auf der Terrasse sitzen und genossen weiterhin das Essen und die Sonne.

Aber wir wurden schnell unruhig. Denn es musste etwas ganz Schlimmes passiert sein. Von überallher hörte man Sirenen und über dem Schloss **kreisten** zwei Polizei**hubschrauber.**

Wir machten uns große Sorgen um Markus.
Umso erstaunter waren wir, als Markus nach nur einer Stunde schon wieder da war. Selbst bei kleinen, **harmlosen**[5] Einsätzen dauert es oft Stunden, bis er wiederkommt. Und bei dem **Aufgebot**[6] hatten wir **uns darauf eingestellt**[7], dass er die ganze Nacht wegblieb.

„Was war denn los?" „Wieso bist du so schnell wieder da?" Birgit und ich wollten alles genau wissen.

Markus schaute uns mit einem merkwürdigen Gesichtsausdruck an. „Ich brauche jetzt erst einmal etwas zu essen. Und ein schönes kühles Bier." Stimmt, er hatte ja noch gar nichts gegessen.
Noch während des Essens begann er zu erzählen:
„Ihr werdet es nicht glauben: Ihr kennt doch unseren

1 **A für B stehen lassen –** B lieber mögen als A
2 **der Pieper –** (umg.) Funkalarmempfänger
3 **der Einsatz –** hier: die Feuerwehraktion
4 **alles stehen und liegen lassen –** seine Prioritäten ändern und sofort etwas tun, das man wichtiger findet
5 **harmlos –** ungefährlich
6 **das Aufgebot –** (hier:) große Menge an Feuerwehrfahrzeugen und Feuerwehrmännern/-frauen
7 **sich einstellen auf –** rechnen mit, erwarten

Feuerwehrkommandanten, den Wolfgang Hermann …“

Nun ist es so, dass ich Wolfgang Hermann nur zwei-, dreimal gesehen hatte. Aber ich hatte schon viel von ihm gehört. Obwohl er der Kommandant war, hatten seine Feuerwehrkameraden wenig Respekt vor ihm. Sie **lästerten**[8] über ihn, wann immer sie konnten. Und nach der Geschichte, die Markus nun erzählte, konnte ich sogar verstehen, warum.

Auch Wolfgang Hermann wollte diesen schönen Spätsommertag genießen. Er verbrachte den Nachmittag mit einem Kumpel in dessen Garten. Die beiden Männer hatten wohl sehr viel Alkohol getrunken.

In Marburg sieht man häufig **Heißluftballons**. Allein an diesem Nachmittag sahen Markus, Birgit und ich von der Terrasse aus drei Stück.

Auch Wolfgang Hermann und sein Kumpel sahen sie. Einer war ganz in ihrer Nähe. Die Männer konnten nur den **Umriss**[9] des Ballons sehen, denn die Sonne **blendete**[10] sie. Wolfgang Hermann, so erzählte Markus, **schwor Stein und Bein**[11], dass im Ballon Menschen standen. Er winkte den Ballonfahrern zu und sie winkten zurück.

Dann flog der Ballon weiter und die Männer hörten jemanden schreien. Wolfgang Hermann sah etwas, was er nie vergessen sollte: Der Ballon ging in Flammen auf!

Als Feuerwehrkommandant der örtlichen Freiwilligen Feuerwehr handelte Wolfgang Hermann sofort: Er **löste** Großalarm **aus**[12]. Aus dem gesamten Umkreis kam die Feuerwehr, die Polizei schickte zwei Hubschrauber und auch einige Notarztwagen rasten zur **vermeintlichen**[13] Unglücksstelle. Nach kurzer Zeit wurde der Ballon gefunden. Er hing in einer **Pappel**, direkt am Fluss, und **glühte**[14] nur noch leicht. Er hatte keinen großen Schaden angerichtet, nur die **Rinde** des Astes, an dem er hing, war ein wenig **angekokelt**[15]. Es war ein Partyballon, eine sogenannte Himmelslaterne.

ein sehr hoher Laubbaum

äußere Schicht, die einen Ast oder Stamm umgibt

Birgit und ich hörten erstaunt zu, wie Markus erzählte. Ich konnte es nicht glauben: „Und die Leute, die da geschrien haben? Der Kommandant hat doch Schreie gehört!"

„Das waren nur die Kinder, die die Laterne angezündet hatten. Fünf Jungen. Sie haben sie mit ihren Fahrrädern **verfolgt**[16] und aufgeregt rumgeschrien, so wie Kinder das eben tun."

8 **über jemanden lästern** – schlecht über jemanden reden und das lustig finden
9 **der Umriss** – die Kontur, die äußere Linie
10 **blenden** – in die Augen scheinen, sodass man nichts mehr sehen kann
11 **Stein und Bein schwören** – 100% sicher sein
12 **auslösen** – durch Drücken auf einen Knopf starten
13 **vermeintlich** – vermutet, aber die Vermutung ist falsch
14 **glühen** – nach einem Feuer: vor Hitze rot leuchten
15 **angekokelt** – angebrannt
16 **verfolgen** – hinterherfahren

20 DAS MELODISCHE GLOCKENSPIEL DER ST. LAURENTIUSKIRCHE

Niederdensesleben ist ein kleiner Ort. Ein sehr kleiner Ort. Niederdensesleben ist auch ein sehr idyllischer Ort, inmitten der **scheinbar**[1] endlosen Felder der **Magdeburger Börde**. Und inmitten dieses kleinen Ortes steht die riesige St. Laurentiuskirche. Eine romanische Kirche, erbaut im 12. Jahrhundert. Wie in vielen Städten und Dörfern in der **ehemaligen**[2] DDR wurde die Kirche im Zweiten Weltkrieg beschädigt, danach aber nicht restauriert. Der ursprüngliche **Mittelpunkt**[3] des Ortes war also nur noch ein **Trümmerhaufen**[4].

Nach dem Ende der DDR, Anfang der Neunzigerjahre des letzten Jahrhunderts, begann die Gemeinde, die Kirche **wiederaufzubauen**[5]. Und jeder half mit. **Spenden**[6] mussten gesammelt werden. Also wurde jedes Jahr ein Open-Air-Festival veranstaltet, zu dem musikbegeisterte Menschen von nah und fern anreisten.

Es war ein großes Projekt. Und nach mehr als zwanzig Jahren war es geschafft. Die Kirche St. Laurentius **erstrahlte in alter Pracht**[7]!

Die **Madgeburger Börde** ist eine Gegend westlich von der Stadt Madgeburg im Bundesland Sachsen-Anhalt.

Aber etwas fehlte: Die riesige Kirche hatte zwar einen Glockenturm, aber keine Glocken. Die Glocken waren das nächste Projekt.

Es dauerte nicht lange, bis man genügend Geld für die Glocken zusammen hatte. Die Bürger entschieden, dass ihre Kirche nicht nur ein paar einfache Glocken, sondern ein ganzes Glockenspiel haben sollte, das eine richtige Melodie spielt.

Eine berühmte Glockengießerei in Bayern erhielt den Auftrag, die Glocken herzustellen. Und nach drei Monaten war es soweit.
Viele Leute kamen von nah und fern, um zuzusehen, wie die Kirchenglocken in einem Festzug zur Kirche gebracht wurden.
Jede der acht Kirchenglocken wurde auf einem mit Blumen geschmückten Pferdewagen zur Kirche gebracht. Ganz vorn lief der Niederdenseslebener **Musikverein**. Den Schluss bildete eine **Trachtengruppe**[8], die speziell für diesen Tag gegründet worden war.

1 **scheinbar –** etwas sieht zwar so aus, ist aber nicht wirklich so
2 **ehemalig –** früher
3 **der Mittelpunkt –** das Zentrum, die Hauptattraktion
4 **Trümmerhaufen –** Berg Steine als Rest von kaputten Gebäuden
5 **wiederaufbauen –** etwas, das beschädigt wurde, wieder reparieren
6 **die Spende –** Geld, das freiwillig für einen sozialen Zweck gegeben wird
7 **in alter Pracht erstrahlen –** genauso schön sein wie früher
8 **die Trachtengruppe –** ein Verein, der sich um den Erhalt der Tracht kümmert

Am Platz vor der Kirche **hielt** der Bürgermeister **eine Rede**[9], in der er die historische Wichtigkeit des Ereignisses **betonte**[10]. Dann hielt der Pfarrer eine **Predigt**[11]. Aus Magdeburg war der Bischof gekommen, der nun die Glocken **segnete**[12]. Es war sehr feierlich. Nach der Segnung der Kirchenglocken hatten alle Besucher Hunger. Doch die Bürger hatten an alles gedacht: Auf dem großen Platz hatte man ein riesiges Bierzelt, Tische und Bänke und einige **Fressbuden**[13] aufgestellt. Es gab Würstchen, gegrillte Hähnchen, Schweinesteaks, Pommes Frites, Eiscreme, Kaffee und Kuchen und vieles mehr. Auf einer Bühne spielte der Musikverein. Außerdem hatte man einen kleinen **Rummelplatz** aufgebaut und für die Kinder gab es ein Trampolin.

Unter großem Hallo[14] wurden die Kirchenglocken in den Turm gebracht. Und das war nicht einfach, denn die Glocken waren schwer. Die größte wog über drei Tonnen! Doch glücklicherweise hatten die Bürger einen **Autokran** bestellt.

Als die Glocken endlich oben waren, warteten alle gespannt. Und mitten in diesem **erwartungsvollen**[15] Schweigen begannen die Glocken zu spielen. **Jubel brach los**[16]. Die Niederdenseslebener umarmten sich, sie lachten und weinten vor Freude. Margit Stridde, die alte Kirchendienerin der Laurentiuskirche **wischte**[17] sich mit einem Taschentuch über die Augen und **stammelte**[18] immer wieder: „Dass ich das noch erleben darf! Dass ich das noch erleben darf!“

Endlich war die Kirche so, wie eine Kirche sein soll: Groß, **prächtig**[19], und mit einem Glockengeläut.

Von nun an gab es Tag und Nacht einen festen Rhythmus Zur Viertelstunde wurde einmal geläutet, zur halben Stunde zweimal und zur Dreiviertelstunde dreimal. Und zu jeder vollen Stunde erklang das melodiöse Glockenspiel.

Mit der Ruhe, die das Leben in Niederdensesleben bislang **bestimmt**[20] hatte, war es damit allerdings vorbei. Anfangs fanden die Bewohner die Glocken noch schön und freuten sich jedes Mal, wenn sie erklangen. Doch schon nach kurzer Zeit hatten die Niederdensesleben er genug von dem **Gebimmel**[21]. Denn Niederdensesleben ist ein sehr kleiner Ort. Das Ortszentrum bilden die Kirche, das Rathaus, das alte Schulhaus und der Marktplatz. Drumherum stehen die restlichen Gebäude des Ortes, es sind ungefähr fünfzig. Ruhig schlafen konnte niemand mehr. Viele litten an Kopfschmerzen, fühlten sich **schlapp**[22] und krank. Aber das wollte keiner öffentlich zugeben, denn schließlich hatte man gemeinsam so lange und so hart für dieses Glockenspiel gearbeitet.

9 **eine Rede halten** – vor einer Gesellschaft einen vorbereiteten Text zu einem bestimmten Ereignis vortragen

10 **betonen** – auf etwas hinweisen

11 **die Predigt** – Rede eines Pfarrers zu einem christlichen Thema

12 **segnen** – um den Schutz Gottes bitten

13 **die Fressbude** – (umg.) ein Marktstand, an dem man Essen kaufen kann

14 **unter großem Hallo** – mit vielen begeisterten Zuschauern/Zuschauerinnen

15 **erwartungsvoll** – gespannt

16 **Jubel brach los.** – Die Leute schrien plötzlich Juchu! und Hurra!

17 **wischen** – putzen

18 **stammeln** – bei starken Emotionen: mit vielen Pausen sagen

19 **prächtig** – mit viel Schmuck und Gold

20 **bestimmen** – typisch sein für

21 **das Gebimmel** – (umg., negativ) das Glockengeläut

22 **schlapp** – schwach

der Stab, der im Inneren einer Glocke befestigt ist und den Klang erzeugt

Als Margit Stridde zum Kaffeetrinken bei ihrer besten Freundin Ilse war, sprach sie aus, was viele dachten: „Ilse, wir haben in unserem langen Leben schon viel erlebt, aber so etwas noch nicht. Wir müssen etwas gegen diesen Krach unternehmen!"
Nur: wie sollten sie, zwei alte Damen, das schaffen? Sie **überlegten hin und her**[23]. Und bei einem Glas Likör fanden sie schließlich die Lösung: Die **Klöppel** mussten entfernt werden.

Da sie selbst dazu aber nicht die nötige Kraft hatten, baten sie Ilses Enkel Dennis um Hilfe. Und Dennis **war** sofort **dabei**[24].
Also nahmen sich Margit und Ilse den Kirchenschlüssel und Dennis und sein Freund den Werkzeugkasten und machten sich auf den Weg zur Kirche.

Während Dennis und Jens oben im Glockenturm die Klöppel entfernten und die schweren Teile nach unten trugen, warteten Margit und Ilse unten in der Kirche. Da ging plötzlich die Tür auf und der Pfarrer stand vor ihnen. Alle vier, nein, alle fünf erschraken. Der Pfarrer **fasste sich**[25] als erster wieder.
Margit, Ilse, Dennis und Jens dachten, dass der Pfarrer ihnen jetzt jede Menge Fragen stellen würde. Aber der lächelte sie nur freundlich an und sagte ganz ruhig: „Was immer Sie gerade tun – lassen Sie sich bitte nicht dabei stören!"
Mit diesen Worten drehte er sich um und ließ die vier einfach stehen.

23 **hin und herüberlegen** – lange nachdenken
24 **dabei sein** – mitmachen, einverstanden sein
25 **sich fassen** – sich von seinem Schreck erholen

Die Magdeburger Börde ...

... ist eine sehr fruchtbare Gegend im Osten Deutschlands, in der Nähe von Magdeburg.

Hauptsächlich werden dort **Zuckerrüben** angebaut, aus denen später Zucker produziert wird.

In Deutschland gibt es 20 Zuckerfabriken, die zusammen mehrere Millionen Tonnen Zucker produzieren.

20 % des Zuckers, der auf der Welt produziert wird, stammt aus Zuckerrüben.

21 DIE SPAGHETTIEIS-LÜGE

Ich freue mich auf den Sommer und meine ersten Semesterferien. Die meisten meiner Freunde von der Uni werden arbeiten oder eine Fernreise machen und zum Beispiel in die Karibik oder nach Asien fliegen. Mich **zieht es** nur **nach**[1] Italien. „Warum gerade Italien?", haben mich meine Freunde in den letzten Wochen immer wieder gefragt. „Weil es die **Krönung**[2] meiner Kindheit war." Mit dieser Antwort haben **sich** alle **zufriedengegeben**[3]. Sie dachten wohl, dass ich als Kind den Familienurlaub immer in Italien verbracht hätte. Dabei bin ich bisher noch nie dort gewesen.

Die Krönung meiner Kindheit ...

Den wahren Grund für meine Italienreise hätte ich meinen Freunden wohl auch nicht verraten. Irgendwie wäre mir das zu peinlich gewesen. Bestimmt hätten sie mich für einen **Kindskopf**[4] gehalten. Und was war nun der wahre Grund? Als ich ein Kind war, gingen wir mit der Familie sonntags oft in eine ganz bestimmte italienische Eisdiele. Während meine Geschwister andere **Eisbecher** nahmen,

der **Eisbecher** – Glas mit verschiedenen Sorten Eis, Früchten oder Nüssen, manchmal einer Waffel, Schlagsahne und Soße. Oft hat die Kreation einen schönen Namen.

bestellte ich immer nur **Spaghettieis**. Jedes Mal. Unten die halb gefrorene Sahne, darüber die Spaghetti aus Vanilleeis, bedeckt von Erdbeersoße und obendrauf **geraspelte** weiße Schokolade.

das Spaghetti-eis - Eisbecher mit Schlagsahne, Vanilleeis in Spaghettiform, Erdbeersoße und weißer Schokolade

raspeln - Nüsse, Käse oder Schokolade grob zerkleinern

Besser kann ein Eis nicht schmecken. Noch heute fragen mich die italienischen Kellner meiner Lieblingseisdiele jedes Mal: „Un gelato agli spaghetti - wie immer?" Als Kind habe ich mir Italien immer wie das **Schlaraffenland**[5] vorgestellt. Und nun werde ich zum ersten Mal das Traumland meiner Kindertage kennenlernen.

Heute ist es endlich so weit. Mein Zug geht früh in Richtung Toskana. Hier soll meine Rundreise losgehen. „Italien für Anfänger", meinten die Freunde von der Uni nur. Fast 14 Stunden Fahrt, dreimal umsteigen, dann bin ich in Siena. Als ich abends auf dem zentralen Platz stehe, vergesse ich für einen Moment das Spaghettieis. Das kann warten.

1 **jmdn. zieht es nach ...** - jmd. möchte nach ... fahren

2 **die Krönung** - feierliche Zeremonie, wenn jmd. König/-in wird; (hier:) Höhepunkt

3 **sich zufriedengeben** - etw. akzeptieren, nicht weiterfragen

4 **der Kindskopf** - unreife, kindische Person

5 **das Schlaraffenland** - im Märchen ein (kulinarisches) Paradies

Die beliebteste Eissorte in Deutschland ist übrigens Vanille – und das am liebsten in der Waffel.

die **Theke** – hoher Tisch in Geschäften und Lokalen, meist zwischen Kunden/Kundinnen und Verkäufern/Verkäuferinnen

Am nächsten Morgen mache ich mich dann auf die Suche nach einer Eisdiele. Direkt am Marktplatz ist eine. Ich gehe hinein und bestelle in **holprigem**[6] Italienisch: „Un gelato agli spaghetti." Die Verkäuferin hinter der **Theke** fragt etwas, merkt, dass ich nicht verstehe, und zeigt auf die Eissorten. Spaghettieis? Scheinen sie hier nicht zu haben. Auch bei der zweiten Eisdiele nicht. Auch bei der dritten habe ich kein Glück. Da bestelle ich dann drei Sorten in der Waffel. Das Eis schmeckt zwar sehr gut, aber die Krönung meiner Kindheit ist es eben nicht.

Am späten Nachmittag fahre ich weiter nach San Gimignano. Auch dort finde ich kein Spaghettieis, zwei Tage später in Florenz werde ich **erneut**[7] enttäuscht. Was ist hier nur los? Doch kurze Zeit später treffe ich jemanden, der mir diese Frage endlich beantworten kann: ein Italiener, der in Deutschland **aufgewachsen**[8] ist. Ich erzähle ihm meine Geschichte und er fängt an zu lachen. „Weißt du nicht, dass Spaghettieis etwas typisch Deutsches ist?" Ich schaue ihn so **verwundert**[9] an, dass er sein Smartphone **hervorkramt**[10] und mir den Artikel auf Wikipedia zeigt. Irgendwie fühle ich mich, als ob ich als

Kind **belogen**[11] worden wäre. Zwar hat niemand gesagt, dass Spaghettieis aus Italien käme. Doch für mich war die Sache immer ganz klar: In allen italienischen Eisdielen Deutschlands gibt es Spaghettieis, also muss es doch aus Italien stammen.

Eineinhalb Wochen fahre ich danach noch durch die Toskana, erhole mich und entdecke viele schöne **Ecken**[12]. Meine Rückfahrt nach Deutschland **buche** ich aber **um**[13]. Zwei Tage werde ich in Mannheim **dranhängen**[14], dem wahren Geburtsort des Spaghettieises. Am späten Nachmittag komme ich am Hauptbahnhof an und gehe gleich ins historische Zentrum von Mannheim. Mannheim ist eine Planstadt. Straßennamen gibt es hier keine, nur **Quadrate**[15]. Das klingt logisch und einfach, aber ich brauche trotzdem etwas, bis ich die richtige Adresse gefunden habe. Ich will nach O 4,5.

Dort ist das Eiscafé von Dario Fontanella. Ich komme mit meinem großen Rucksack an und bestelle sofort ein Spaghettieis. Dem Kellner erzähle ich auch gleich meine Geschichte.

Vor 1684 gab es auch in Mannheim Straßennamen. Die heutige Kombination aus Buchstaben und Zahl wurde 1798 eingeführt.

6 **holprig** – nicht fließend, nicht perfekt

7 **erneut** – wieder

8 **aufwachsen** – die Kindheit verbringen, bis man groß, erwachsen ist

9 **verwundert** – fragend, unsicher, erstaunt

10 **hervorkramen** – nach einigem Suchen herausholen

11 **belügen** – jmdm. nicht die Wahrheit sagen

12 **die Ecke** – (hier:) Stelle, Ort, Platz

13 **umbuchen** – die Reiseroute ändern

14 **dranhängen (ugs.)** – zusätzlich verbringen

15 **das Quadrat** – viereckige Form mit vier gleich langen Seiten

Der **Wasserturm** am Park mit Brunnenanlage liegt am Rand der Quadratestadt in Mannheim.

Und auch er **schüttelt sich vor Lachen**[16]. Als er mir die riesige Portion bringt, sagt er noch: „Lass es dir schmecken. Und dann warte noch ein bisschen. Ich habe eine Überraschung für dich!" **Genüsslich**[17] esse ich mein Spaghettieis und warte ... Doch worauf eigentlich? Was für eine Überraschung der Kellner wohl gemeint hat? Nach ein paar Minuten kommt er mit einem Mann an meinen Tisch. „Darf ich vorstellen? Dario Fontanella, der Erfinder des Spaghettieises." Zunächst fehlen mir die Worte. Doch dann erzähle ich ihm meine Geschichte und er mir seine. Wie seine Eltern aus Italien nach Mannheim zogen. Warum er auf die Idee kam, Eis durch eine **Spätzlepresse**[18] zu drücken. Dass er für die Soße zuerst Himbeeren nahm. Das alles weiß ich zwar inzwischen schon aus dem Internet, aber aus seinem Mund klingt es noch viel spannender.

Bevor ich zwei Stunden später wieder gehe, **muss** ich aber doch noch **eine Frage loswerden**[19]: „Ist Spaghettieis denn nun etwas Italienisches oder etwas Deutsches?" Dario lächelt vergnügt: „Es ist ein Stück Europa aus Mannheim, ein bisschen italienisch, ein bisschen deutsch, ein bisschen Dario." – „Da ist dir aber ein leckeres Stück Europa gelungen – und die Krönung meiner Kindheit", sage ich und drücke ihm zum Abschied die Hand.

16 **sich schütteln vor Lachen (idiom.)** – stark lachen
17 **genüsslich** – mit großem Appetit
18 **die Spätzlepresse** – Gerät zur Herstellung der schwäbischen Nudeln namens Spätzle
19 **eine Frage loswerden müssen** – etw. unbedingt fragen müssen

22 DER ENGEL VOM OKTOBERFEST

„Alles gut?"

Gar nichts war gut. Franziska kam aus dem Frisörsalon und **war den Tränen nahe**[1]. Drinnen hatte sie noch **die Fassung bewahrt**[2]. Auf die Frage der Frisörin, ob ihr der neue **Schnitt**[3] gefalle, hatte sie höflich geantwortet: „Jaja, alles gut." Doch kaum war sie draußen, sah sie sich ihre neue Frisur noch einmal im Handspiegel an. „Die totale Katastrophe! Und das gerade jetzt, eine Woche vor dem Oktoberfest", dachte Franziska. Am besten rief sie erst einmal ihre beste Freundin Susanne an. Die wusste immer Rat.

Susi hatte am Telefon gar nicht so richtig verstanden, warum ihre Freundin so aufgeregt war. Doch als sie Franzi hier im Café direkt gegenübersaß, war ihr sofort alles klar: „Oje, ich sehe schon. Willst du meine ehrliche Meinung?" Franzi nickte. „Da hilft nur noch eins: Ganz kurze Haare, alles ab." Franzi sah traurig aus, aber Susi konnte sie **aufmuntern**[4]: „Ich kenne da einen wirklich guten Frisör, der **bekommt** dich wieder **hin**[5], keine Angst."

1 **den Tränen nahe sein (idiom.)** – fast weinen

2 **die Fassung bewahren (idiom.)** – sich kontrollieren, keine Gefühle zeigen

3 **der Schnitt** – Frisur

4 **aufmuntern** – etwas Optimistisches sagen, damit der andere wieder bessere Laune hat

5 **jmdn. oder etw. hinbekommen (ugs.)** – reparieren, retten

Als sie den Salon verließen, ging es Franzi zwar besser, aber so richtig glücklich war sie auch nicht gerade. „Meine schönen Haare!", **jammerte**[6] sie. Doch Susi wusste auch diesmal wieder, was zu tun war: „Komm, lass uns die **Dirndl** abholen gehen." Als die beiden **in voller Montur**[7] vor dem Spiegel standen, konnte Franzi schon wieder lächeln.

Basti war die gute Seele des Oktoberfests, ein **gestandenes Mannsbild**. Auf der **Wiesn** kannte er jeden. Irgendwann vor ein paar Jahren kam er auf die Idee, einen „SOS-Dienst für Probleme aller Art" einzurichten. Erreichbar war er in den zweieinhalb Wochen des Oktoberfests über die sozialen Medien. Für jeden und überall. Vor einem Monat erst hatten Franziskas Freundinnen eine Reportage über den „Engel vom Oktoberfest" gesehen. „Das wäre doch einer für Franzi", meinte Lisa. Es war das erste Wochenende der Wiesn und Basti **hatte alle Hände voll zu tun**[8]. Die meisten suchten den Ausgang oder ein **Festzelt**, manchmal hatte jemand ein

Kurzform von Theresienwiese, Synonym für Oktoberfest

das **gestandene Mannsbild** (ugs.) – in Österreich und Bayern Bezeichnung für einen starken und attraktiven Mann

Zelt, in dem eine Musikgruppe traditionelle Musik spielt und in dem man essen und Bier trinken kann

1-Liter-Glas mit Bier, typisch für das Oktoberfest

traditionelles Kleid mit Schürze in Bayern und Österreich

bisschen zu viel getrunken. Oft wurde es aber auch komplizierter. So wie heute, als ein Japaner seinen Hotelschlüssel verloren hatte. Nur wo? Basti **fragte** den Mann aus Osaka **aus**[9] und rief dann alle seine Freunde an. Es dauerte keine 20 Minuten, dann hatte Kaito seinen Schlüssel wieder. Unglaublich!

Franzi und ihre Freundinnen kamen aus dem **Schottenhamel**[10]. Zur **Blaskapelle**[11] hatten sie **geschunkelt**[12], **Brezeln** gegessen und ein paar **Maß** getrunken. Sie hatten richtig viel Spaß gehabt. Nun standen sie vor dem Festzelt. Doch nach Hause wollten sie noch nicht. Denn nun war es Zeit für ihren Plan. Lena schickte eine SOS-Nachricht an Basti. Der schrieb sofort zurück: „Bin nur ein paar Meter entfernt. Wartet auf mich."

typisches Laugengebäck in Schwaben und Bayern

6 **jammern** – so sagen, als wolle man gleich weinen

7 **in voller Montur (idiom.)** – fertig, komplett angezogen

8 **alle Hände voll zu tun haben (idiom.)** – viel arbeiten müssen

9 **ausfragen** – sehr viele Fragen stellen, damit man möglichst viele Informationen bekommt

10 **der Schottenhamel** – Name eines beliebten Festzelts

11 **die Blaskapelle** – Musikgruppe, mit Trompeten und anderen Instrumenten, bei denen die Töne mit Luft aus dem Mund entstehen

12 **schunkeln** – sich zusammen mit den Sitznachbarn im Rhythmus der Musik bewegen

Lena, Lisa und Susi standen zusammen, Franzi ein paar Meter weiter. Ihr war natürlich längst klar, was ihre Freundinnen vorhatten. Sie wollten sie mal wieder **verkuppeln**[13]. Sie wusste auch, mit wem. Doch eigentlich fand sie es dieses Mal gar nicht so schlimm, denn Basti war genau ihr Typ. Lisa fragte Basti: „Sag mal, auf welcher Seite muss eine Frau denn ihre **Schleife** binden, wenn sie Single ist? Meine Freundin kennt sich da noch nicht so aus." Sie zeigte auf Franzi.

„Du bist solo? Schleife links, Glück bringt's!", riet Basti.

Franzi verschob die Schleife nach links und fragte: „Und nun?"

„Nun wissen alle, dass du einem Flirt **nicht abgeneigt bist**[14]."

„Weißt du es auch?"

„Ja, ich auch."

„Und nun?"

Franzi lächelte ihren Engel an. Und Basti? Der war auch **alles andere als**[15] abgeneigt, irgendwie **hatte** es ihn **voll erwischt**[16]. An diesem Abend würde der Wiesnengel nur noch für eine da sein, das stand fest.

Mitten in der Nacht fragte Franzi ihren Basti: „Sag mal, gibt es etwas, was dir an mir gefällt?"

„Klar, alles."

„Du **Schmeichler**[17]! Ich meine, gefällt dir etwas ganz besonders?"

„Oh ja, du hast so eine freche Frisur, die ist richtig **fesch**[18]."

So **schlenderten**[19] sie Hand in Hand übers Oktoberfest. Susi, Lena und Lisa hatten die beiden längst allein gelassen. Und Franzi hatte ihre Schleife wieder nach rechts verschoben.

13 **verkuppeln (ugs.) -** zwei Personen zusammenbringen, damit die sich ineinander verlieben

14 **nicht abgeneigt sein (idiom.) -** nicht Nein sagen

15 **alles andere als -** gar nicht

16 **jmdn. voll erwischen (ugs.) -** sich stark in jmdn. verlieben

17 **der Schmeichler -** Person, die (zu) viele Komplimente macht

18 **fesch (ugs.) -** attraktiv, interessant, chic (oft in Bayern und Österreich benutzt)

19 **schlendern -** (hier:) langsam spazieren

23 AUF DER SUCHE NACH DER WAHRHEIT

„Möchten Sie die ganze Wahrheit hören?", fragte mich Elisabeth.

Die alte Dame hatte mich **über drei Ecken**[1] kontaktiert. Und nun saß sie vor mir: lange weiße Haare hatte sie, elegant und **zurückhaltend**[2] war sie, ein angenehmer Gesprächspartner. Den Hut hatte sie abgenommen, ihre langen Handschuhe hatte sie ordentlich danebengelegt. Ich versuchte, ihr Alter zu schätzen. Sie machte noch einen fitten Eindruck, trotzdem musste sie laut meinen ersten Informationen mindestens 100 Jahre alt sein. Aus Höflichkeit fragte ich sie aber nicht nach ihrem Alter. Im Laufe ihrer Geschichte würde ich es schon noch genau erfahren.

Wir saßen zunächst im einzigen Gasthaus des kleinen Schwarzwalddorfes. Elisabeth verschwand für einige Minuten, „um **sich frisch zu machen**[3]", wie sie es nannte. Als Reporter nutzte ich die Gelegenheit, mich umzusehen und mir ein paar Notizen zu machen. Ich wusste schon ziemlich genau, wie ich meine nächste Reportage anfangen wollte: „Das Lokal befindet sich in einem alten Schwarzwaldhaus, das ganz aus dunklem Holz gebaut ist. An den Wänden hängen **Kuckucksuhren** und Grafiken von **Wichteln**[4].

die Kuckucksuhr

Wanduhr mit Pendel und einem Kuckuck, der zur vollen Stunde aus der Uhr kommt und ruft, typisch für den Schwarzwald

Gegenüber vom Fenster steht ein riesiger grüner **Kachelofen**. Links daneben ist eine Glasvitrine mit verschiedenen Kuchen, **Schwarzwälder Schinken** und einigen Flaschen **Kirschwasser**[5]. Ich fühle mich wie auf einer Zeitreise ins 19. Jahrhundert."

der Schwarzwälder Schinken
Spezialität aus geräuchertem rohem Schinken

der Kachelofen
mit Fliesen beklebter Ofen, in dem Holz verbrannt wird, um einzelne Räume oder ein ganzes Haus zu heizen

1 **über drei Ecken** – nicht direkt, sondern mit drei Personen dazwischen

2 **zurückhaltend** – schüchtern, vorsichtig, still

3 **sich frisch machen** – altmodischer Ausdruck für ‚auf die Toilette gehen'

4 **der Wichtel** – Sagengestalt eines lustigen und guten Geists

5 **das Kirschwasser** – Schnaps aus vergorenen Kirschen, der pur getrunken oder zum Kochen und Backen verwendet wird, Spezialität aus dem Schwarzwald

Essen, das sehr viele Kalorien enthält, z. B. ein Dessert

Sahnetorte mit Kirschwasser, Kirschen und Schokolade, Spezialität aus dem Schwarzwald

Elisabeth hatte sich inzwischen wieder gesetzt. Eine Kellnerin in **Tracht**[6] brachte uns zwei gigantische Stücke **Schwarzwälder Kirschtorte**. „**Mundet**[7] es Ihnen?", fragte mich Elisabeth nach dem ersten Stück. Mein Mund war so voll mit leckerer Sahne, saftigen Kirschen und süßer Schokolade, dass ich kaum antworten konnte. Elisabeth lächelte und sagte: „Dann will ich **Sie nicht länger auf die Folter spannen**[8] und Ihnen jetzt meine Geschichte erzählen", fuhr sie fort.

„Die Schwarzwälder Kirschtorte wurde eigentlich aus der Not geboren."

„Die Schwarzwälder Kirschtorte wurde eigentlich **aus der Not geboren**[9]. Hätten Sie das gedacht? Erfunden wurde sie von Claus, einem jungen Mann, der aus diesem kleinen Dorf stammte, aber in Calw in die **Lehre**[10] gegangen war. Einmal besuchte er seine Eltern und **versuchte sich an**[11] einem neuen Rezept, um seinen Eltern zu zeigen, was er gelernt hatte. Vor allem seine Mutter war sehr gespannt. Sie müssen wissen, dass Claus' Mutter eine ausgezeichnete Bäckerin war."

Nach dieser **Kalorienbombe** verließen wir das Wirtshaus und machten einen kleinen Spaziergang. Elisabeth setzte währenddessen ihre Geschichte fort.

„Vielleicht war Claus nervös, weil seine Mutter ihm zusah. **Wie dem auch sei**[12] – auf jeden Fall geschah an diesem

Tag ein **Missgeschick**[13] nach dem anderen. Zuerst stieß der arme Claus gegen die Flasche mit dem Kirschwasser. Diese fiel um und der **Schnaps**[14] **ergoss sich über**[15] den Biskuitboden. Außerdem hatte Claus zwar genug Sahne und Buttercreme, aber es fehlte an anderen Zutaten. Zum Beispiel wollte Claus eigentlich Erdbeeren verwenden, aber es gab nur Kirschen. Er musste also improvisieren."

Inzwischen hatten wir uns an einem kleinen See auf eine Bank gesetzt. Hier draußen war durch nichts zu erkennen, dass wir uns im 21. Jahrhundert befanden. So fiel es mir gar nicht schwer, mir vorzustellen, wie Claus damals vor vielen, vielen Jahren in der einfachen Küche seiner Eltern stand und aus ein paar Zutaten eine tolle Torte **zauberte**[16].

„Da hinten stand sein Elternhaus" sagte Elisabeth und zeigte auf eine kleine Baumgruppe am See. „Aber seit meiner Kindheit gibt es das schon nicht mehr. An dem Tag also war Claus mit dem Ergebnis seiner Backkünste überhaupt nicht zufrieden. Ganz im Gegensatz zu seinen Eltern. Die waren so stolz und begeistert, dass sie sofort die ganze Nachbarschaft einluden. Das war die **Geburtsstunde**[17] der Schwarzwälder Kirschtorte. Aus der Not geboren ..."

6 **die Tracht** – traditionelle Kleidung

7 **munden** – veraltet für schmecken

8 **jmdn. auf die Folter spannen** – jmdn. warten lassen, um etwas interessant zu machen

9 **aus der Not geboren (idiom.)** – provisorisch, improvisiert

10 **die Lehre** – veraltet für ‚Ausbildung'

11 **sich versuchen an** – etw. ausprobieren, das erste Mal machen

12 **wie dem auch sei** – egal, ob es so oder anders war

13 **das Missgeschick** – Malheur, Pech, Panne

14 **der Schnaps** – hochprozentiges alkoholisches Getränk

15 **sich ergießen über** – über etw. fließen, so dass es ganz nass ist

16 **zaubern** – durch ein Wunder produzieren, sagt man oft von besonders leckeren Gerichten

17 **die Geburtsstunde** – Zeitpunkt, zu dem etw. zum ersten Mal gemacht oder erfunden wird

Natürlich hatte ich schon vor meinem Besuch bei Elisabeth recherchiert. Es gab ja so viele Geschichten darüber, wie die erste Schwarzwälder Kirschtorte entstanden war. Aber irgendetwas sagte mir, dass ich nun auf der richtigen Spur war. Also setzte ich meine Suche nach der Wahrheit fort. Ich fragte noch viele andere Personen, las alte Notizen im **Heimatmuseum**[18] und **stöberte**[19] in Zeitungsarchiven.
Zwei Monate nach meinem Treffen mit Elisabeth erschien meine Reportage über die erste Schwarzwälder Kirschtorte in unserem Magazin „**Anno dazumal**[20]". Was in den folgenden Wochen geschah, hatte ich nicht erwartet. So viele positive Kommentare und Leserbriefe hatte ich noch

nie bekommen. In meiner Post war auch ein edler Umschlag aus cremefarbenem Papier, der offenbar von Hand und mit einem alten **Füllfederhalter** adressiert worden war. Ich schaute auf den Absender. Der Brief war von Elisabeth. Sie schrieb: „Mit großem Vergnügen las ich Ihre Reportage über den jungen Claus und seine Schwarzwälder Kirschtorte." Dann folgten noch zwei Seiten in ihrem etwas **altmodischen**[21] und **umständlichen**[22] Deutsch. Für mich war es auch nicht so leicht zu lesen, da sie in **Sütterlin** geschrieben hatte. Ganz unten, unter ihrer **zittrigen**[23] Unterschrift, stand noch eine Frage:

„Wissen Sie eigentlich, dass ich auch die Frau kannte, die Leon Jessel zu seinem Schwarzwaldmädel inspiriert hat?"

Sütterlin – im Jahr 1911 von Schulminister Ludwig Sütterlin eingeführte Schreibschrift, wurde bis Anfang der 1940er-Jahre in deutschen Schulen verwendet

der Füllfederhalter
Schreibwerkzeug mit einer Feder an der Spitze und Tinte als Flüssigkeit

18 **das Heimatmuseum** – Museum über Traditionen und Geschichte eines Dorfs oder Stadtteils
19 **stöbern** – suchen
20 **anno dazumal** – vor langer Zeit, früher
21 **altmodisch** – unmodern
22 **umständlich** – kompliziert
23 **zittrig** – nicht mit ruhiger Hand geschrieben, typisch für alte Menschen
24 **(Das) Schwarzwaldmädel** – Operette des Komponisten Leon Jessel aus dem Jahre 1917

24 WEIHNACHTEN AUF HELGOLAND

Hannas und Hajos Kinder sind schon aus dem Haus und wohnen mit ihren Partnern und Kindern in verschiedenen Teilen Deutschlands.

Als im September ihre jüngste Tochter mal wieder zu Besuch kommt, freuen sich Hajo und Hanna. Es ist noch lange hell, sie sitzen auf der Terrasse und **plaudern über**[1] dies und das – wie in den guten alten Zeiten. Doch dann teilt Eva ihnen mit, dass sie dieses Jahr an Weihnachten leider nicht kommen kann. Sie **bekommt** für die Feiertage nicht **frei**[2]! „Schade", sagen sie. Und denken: „Aber wir haben ja noch zwei andere Kinder. Die kommen bestimmt."

Es wird Oktober, und zwar ein richtig **sonnenverwöhnter**[3]. Hajo und Hanna arbeiten gerade im Garten, als ihr ältester Sohn anruft. „Ich wollte mich mal wieder melden", sagt Martin. Hanna freut sich und **schaltet** ihr Telefon **auf laut**[4], so dass ihr Mann mithören kann. Sie sprechen über Martins neue Stelle, über die Kinder, übers Wetter und am Ende über Weihnachten.

„Mama, wir werden diesmal bei Corinnas Eltern feiern. Nächstes Jahr **seid** ihr wieder **dran**[5]." „Schade", sagt Hanna. Und denkt: „Aber wir haben ja noch einen Sohn. Der kommt bestimmt."

Paul kommt erst im November von einer langen **Dienstreise**[6] aus China zurück. Er nimmt seine Kinder und seine Frau Marie in den Arm und fällt, müde von der **Zeitumstellung**[7], ins Bett. Erst am nächsten Tag ruft er bei seinen Eltern an. Hajo **ist dran**[8], freut sich und fragt ihn gleich aus: „**Wie ist es dir so ergangen**[9]?", fragt er. Paul erzählt von merkwürdigen Lebensmitteln, von den vielen Reisen innerhalb Chinas und von komplizierten Projekten. Er redet und redet, bis Hajo ihn schließlich unterbricht. „Sag mal, wie sehen denn eure Pläne für Weihnachten aus?" Paul **druckst** etwas **herum**[10], dann sagt er: „Ich war doch die ganze Zeit unterwegs. Eigentlich wollten wir in diesem Jahr nur mit den Kindern feiern." „Schade", sagt Hajo. Und denkt: „Was nun?"

Am nächsten Tag sitzen Hanna und Hajo am Frühstückstisch. Sie sprechen darüber, wie sie früher immer Weihnachten gefeiert hatten, als Martin, Paul und Eva noch klein waren.

Sie erinnern sich an besonders schöne Weihnachtsbäume, die von den Kindern gebackenen Plätzchen, die glücklichen Gesichter der Kleinen, wenn die Geschenke ausgepackt wurden, und so manches lustige Erlebnis. „Vielleicht sollten wir ja mal ausnahmsweise eins der Kinder besuchen?", meint Hanna, aber Hajo

1 **plaudern über** - sich nett unterhalten über

2 **freibekommen** - nicht arbeiten müssen

3 **sonnenverwöhnt** - sehr sonnig

4 **auf laut schalten** - so einstellen, dass viele Leute das Telefonat hören können

5 **dran sein** - (hier:) an der Reihe sein, wieder besucht werden

6 **die Dienstreise** - Reise, die man für die Firma macht

7 **die Zeitumstellung** - Unterschied zwischen verschiedenen Zeitzonen

8 **dran sein** - (hier:) am Telefon sein, ein Telefongespräch annehmen

9 **Wie ist es dir (so) ergangen?** - Was hast du erlebt?

10 **herumdrucksen** - etw. nicht sofort sagen, weil es einem unangenehm ist oder man ein schlechtes Gewissen hat

schüttelt nur den Kopf und **murmelt**[11]: „Ich weiß nicht, ich weiß nicht." Doch als sie den Tisch abräumen, **hellt sich** Hajos **Miene** plötzlich **auf**[12]: „Wie wäre es denn, wenn wir mal etwas ganz anderes machen?", fragt er und lächelt.

„Und was?"

„Weihnachten auf **Helgoland**."

„Wo?"

„Na, auf Helgoland. Da wolltest du doch immer mal hin."

„Ja, natürlich. Aber an Weihnachten?"

Bei Weihnachten denkt man doch zuerst an Schnee, an einen Tannenbaum, vielleicht an die Berge. Nicht an eine Insel, weit draußen im Meer.

Doch irgendwie hat die Idee etwas. Je länger Hanna darüber nachdenkt, desto mehr kann sie **sich mit dem Gedanken anfreunden**[13].

deutsche Nordseeinsel, knapp 50 km vom Festland entfernt

Helgoländer Spezialität, da die Tiere um die Insel herum leben

Am 22. Dezember kommen Hajo und Hanna auf Helgoland an. Traurig stellen sie fest, dass das berühmte **Ausbooten**[14] im Winter nicht stattfindet. Dafür ist es aber weniger kalt als erwartet. Eigentlich ist das Wetter sogar recht mild. Auf dem Weg zu ihrer Unterkunft kommen sie an den bunten **Hummerbuden** vorbei.

bunte Häuser auf Helgoland, in denen die Fischer früher ihre Unterkünfte und Werkstätten hatten

Die Besichtigung der Insel verschieben sie aber auf den nächsten Tag. Erst einmal gehen sie essen. Hanna bestellt einen **Hummer** und Hajo **Helgoländer Knieper**, also etwas, was sie noch nie gegessen haben. Sie sind begeistert.

Scheren der Taschenkrebse, Helgoländer Spezialität

11 **murmeln** – leise und undeutlich sagen

12 **jmds. Miene hellt sich auf (idiom.)** – jmd., der erst ernst/nachdenklich geschaut hat, sieht auf einmal fröhlich aus

13 **sich mit dem Gedanken anfreunden (idiom.)** – etwas zuerst nicht so gut, dann aber immer besser finden

14 **das Ausbooten** – Umsteigen von einem großen in ein kleines Boot, typisch für Helgoland

Am nächsten Tag erkunden sie die Insel. Der **Klippenrandweg** führt sie auf dem **Oberland**[15] bis zur berühmten **Langen Anna**. An diesem Tag weht aber ein kalter Wind. Deswegen schlägt Hanna vor, noch in ein Café zu gehen. Hier wärmen sie sich mit **Eiergrog**[16] auf. Hanna zieht ein Buch aus einem Regal und zeigt es Hajo: „Schau mal, ‚**Timm Thaler oder das verkaufte Lachen**'[17]. Daraus haben wir doch den Kindern immer vorgelesen." Hanna blättert im Buch und fängt an, laut zu lesen: „Es war in einem Zug von Magdeburg nach Leipzig, in einem langsamen, schmutzigen, überfüllten Zug, wie sie zu jener Zeit ..." So vergehen die Stunden. Abwechselnd lesen sich Hanna und Hajo die Geschichte vor - bis das Buch zu Ende ist und es schon dunkel wird.

Am Morgen des 24. Dezember wollen sie eigentlich ausschlafen, aber daran ist nicht zu denken. Um sechs Uhr kommt ihr Gastgeber,

Felsen aus rotem Feuerstein, Symbol von Helgoland

Weg entlang der Steilküste

klingelt gleich mehrmals und ruft: „Kommt schnell, die **Kegelrobben werfen**[18]!" Hajo und Hanna ziehen sich schnell an, **schnappen**[19] sich noch ihren Fotoapparat und folgen Jens. Mit einem kleinen Boot bringt er sie bis zur **Düne**[20]. „Nicht zu nah rangehen!", **schärft** er ihnen **ein**[21]. Sie machen Fotos, bis die Speicherkarte voll ist. Welch ein Erlebnis!

Als sie wieder am **Unterland**[22] **anlegen**[23], klingelt Hannas Handy. „Wo seid ihr denn?", fragt Eva. „Auf Helgoland", antwortet Hanna. „Bitte, wo? Ich stehe hier mit Martin, Paul, Corinna, Marie und den Kindern vorm Haus. Wir wollten euch überraschen."

Robbenart, die an der deutschen Küste verbreitet ist

15 **das Oberland** – oberer Teil der Insel

16 **der Eiergrog** – Helgoländer Spezialität: Punsch aus Eigelb, Zucker, Arrak und Rum

17 **Timm Thaler** – beliebtes Kinderbuch des auf Helgoland geborenen Schriftstellers James Krüss

18 **werfen** – (hier:) Tiere bekommen Kinder

19 **schnappen (ugs.)** – noch etw. mitnehmen, wenn man schon weggeht

20 **die Düne** – Hügel am Strand; auf Helgoland auch einer der drei Teile der Insel

21 **einschärfen** – deutliche Regeln aussprechen

22 **das Unterland** – unterer Teil der Insel

23 **anlegen** – mit dem Boot ankommen

Auf der Düne kann man campen und an einem kleinen Sandstrand baden.
Helgoland ...
... ist im Jahre 1721 in zwei Teile gebrochen.
Die dabei entstandene kleinere Nebeninsel heißt seitdem Düne.
Helgoland ist Heimat von hunderten von Vogelarten. Darunter auch der Basstölpel, der am Felsen Lange Anna brütet.
Das Wappen und die Farben Helgolands stammen aus dem 17. Jahrhundert. Bekannt ist folgender Spruch im Helgoländer Dialekt:
Grön is dat Land, rot is de Kant, witt is de Sand. Dat sünd de Ferven vun't hillige Land
Grün ist das Land, rot ist die Kant, weiß ist der Sand. Das sind die Farben von Helgoland.

Auf der **Hauptinsel** befinden sich das Ortszentrum, Geschäfte, der Hafen und Wohnhäuser. Sie gliedert sich in 5 Gebiete: **Oberland, Mittelland, Unterland, Nordostland** und **Südhafen**.

25 RENTNERTRAUM

„Die Jungen gehen, die Alten kommen."

Seit Monaten drehten sich die Gespräche von Paulina und Benni um das gleiche Thema. Beide leben in ein und derselben Stadt und doch in zwei verschiedenen Ländern: Er kommt aus dem deutschen Teil - Görlitz, sie aus dem polnischen Teil - Zgorzelec. Die beiden Städte sind nur durch die **Neiße** getrennt. Kennen und lieben gelernt hat sich das junge Paar bei einem **Schüleraustausch**[1]. Sie sprechen abwechselnd Deutsch und Polnisch miteinander. Deutsch hat Paulina in der Schule und privat gelernt. Benni **tut sich mit** dem Polnischen ein bisschen **schwerer**[2], aber er gibt sich Mühe.

Auf beiden Seiten der Grenze haben die Menschen die gleichen Probleme: Es gibt zu wenig Arbeit. Die einzigen, die nach Görlitz ziehen, sind Rentner, die oft aus dem Westen Deutschlands stammen. Sie mögen die **gut erhaltene**[3] Altstadt und die günstigen Preise. Ihre Rente ist hier einfach mehr wert. Die jungen Leute dagegen ziehen in andere Städte. „Meine Freunde gehen alle nach Warschau, Breslau oder Berlin“, klagte Paulina. „Und meine nach Frankfurt, Hamburg oder Berlin“, **seufzte**[4] Benni, „Vielleicht werden auch wir irgendwann gehen müssen.“ Doch eigentlich wollten beide viel lieber in der Heimat bleiben.

„Zu uns kommen nur die Alten. Görlitz ist die Rentnerhauptstadt, Deutschlands Florida“, sagte Benni immer. Und genau das brachte ihn irgendwann auf eine Idee. Wie immer, wenn er Paulina etwas Wichtiges zu sagen hatte, ging er mit ihr zum **Flüsterbogen**.

Paulina hielt ihr Ohr an eines der Enden des Torbogens und wartete gespannt, was Benni ihr diesmal mitteilen wollte: „Lass uns ein Café für alte Leute eröffnen. Einen Namen habe ich auch schon: Rentnertraum“, schlug Benni ihr vor.

der **Flüsterbogen** - Portal in Görlitz, an dessen einem Ende man etwas hineinsprechen kann, das dann die Person an der anderen Seite des Torbogens hört

die Neiße
Grenzfluss zwischen Deutschland und Polen

1 **der Schüleraustausch** - Programm, bei dem sich Schüler/-innen aus verschiedenen Ländern gegenseitig besuchen, um die Sprache und die Kultur des anderen Landes besser kennenzulernen

2 **sich schwertun mit** - mit etw. Schwierigkeiten haben, etw. fällt jmdm. nicht leicht

3 **gut erhalten** - in gutem Zustand, obwohl es schon alt ist

4 **seufzen** - so ausatmen, dass es ein Geräusch gibt. Zeigt an, dass man etwas schwer oder problematisch findet

Und dann zeigte er seiner Freundin das leer stehende Lokal am **Untermarkt**, an dem schon seit Wochen ein Zettel mit der Aufschrift ‚Zu vermieten' hing. „Hier werden wir unser Café eröffnen", erklärte er.

Gesagt, getan[5]. Sie **setzten alles auf eine Karte**[6]. Mit ihren gesamten **Ersparnissen**[7], **Zuschüssen**[8] von Eltern und Verwandten und einem kleinen Bankkredit konnten die wichtigsten Investitionen bezahlt werden. Freunde halfen bei der Renovierung und der Einrichtung, die Kaffeemaschine und die Theke kauften sie. Danach reichte ihr Geld nur noch für drei Monatsmieten. Sie mussten also sofort Gewinn machen.

Voller Stolz öffneten sie jeden Morgen das Café mit dem alten **Schlüssel**. Doch am Anfang lief es längst nicht so gut wie erhofft. So einfach war es nämlich gar nicht, ein Café zu führen. Klar, die Lage war gut und ein paar Touristen kamen sowieso. Aber die Hauptzielgruppe fehlte: Die vielen Rentner aus Görlitz **ließen sich** nie bei ihnen **blicken**[9].

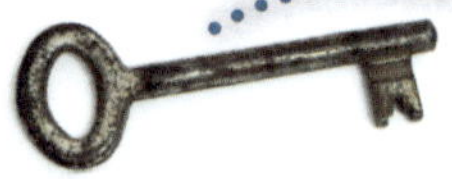

„War wohl nichts mit dem Rentnertraum", sagte Paulina **resigniert**[10]. „Ich **brauche** mal **einen Tapetenwechsel**[11] und würde gerne meine Oma besuchen. Meinst du, du schaffst es einen Tag allein?", fragte sie.

Sie verriet Benni allerdings nicht, dass sie vor allem deshalb zu ihrer Oma fahren wollte, weil sie sicher war, dass diese eine gute Idee für ihr Café hätte. Fünf Stunden sprachen die beiden Frauen miteinander. Danach war es Paulina, die Benni mit zum Flüsterbogen nahm. „Ich habe zwei Ideen, wie wir unser Café retten können", begann sie.

Der **Untermarkt** ist der zentrale Platz der Görlitzer Altstadt.

„Erstens: Du hast mir doch immer erzählt, dass jede Region in Deutschland ihre eigenen Spezialitäten hat. Und nach Görlitz kommen ja Rentner aus ganz Deutschland. Wir bieten einfach die Spezialitäten aus ihrer Heimat an. Zweitens: Wir **holen** die Rentner **mit ins Boot**[12]. Wir backen ihre Rezepte. Wir machen Gemeinschaftsabende mit Filmen, Fotos und Lesungen. So **erwecken** wir den Rentnertraum bestimmt **zum Leben**[13]."

Benni war gleich **Feuer und Flamme**[14]. Dass sie nicht schon eher darauf gekommen waren! Sofort machten sie sich an das genaue Konzept und erstellten einen Plan für die nächsten Wochen. Genug Zeit hatten sie ja, denn Gäste gab es bisher kaum.

Zuerst kümmerten sich die beiden um die Kaffeespezialitäten aus ganz Deutschland. Auf der Karte standen nun neben **Brühkaffee**[15] und Cappuccino auch **Pharisäer**, **Holzländer Rumkaffee**[16] und **Hollän-**

5 **Gesagt, getan (idiom.)** – man macht einen Plan und realisiert ihn dann

6 **alles auf eine Karte setzen (idiom.)** – viel riskieren, ohne eine Alternative zu haben

7 **die Ersparnisse (Pl.)** – gespartes Geld

8 **der Zuschuss** – Geldgeschenk für einen bestimmten Zweck

9 **sich blicken lassen** – vorbeikommen

10 **resigniert** – frustriert, ohne jede Hoffnung

11 **einen Tapetenwechsel brauchen (idiom.)** – den Wunsch haben zu verreisen, weil man zu lange an einem Ort war und immer dasselbe gemacht hat

12 **mit ins Boot holen (idiom.)** – jmdn. an etw. beteiligen, mitmachen lassen

13 **zum Leben erwecken** – realisieren, wahr werden lassen

14 **Feuer und Flamme sein (idiom.)** – begeistert sein

15 **der Brühkaffee** – traditionelle deutsche Zubereitung, bei der heißes Wasser auf einen Filter mit Kaffee gegossen wird

16 **der Holzländer Rumkaffee** – Kaffeespezialität aus Thüringen mit Rum und Zucker

Kaffeespezialität aus Norddeutschland mit Rum und Schlagsahne

discher Kaffee[17]. Paulinas Oma kam vorbei und testete jeden. „Bei dem hier ein bisschen mehr Rum, hier lieber weniger Sahne", riet sie ihnen.

Für den ersten Monat hatten sie vier Rezepte von Rentnern bekommen: für einen saftigen **Streuselkuchen**, eine **Schwarzwälder Kirschtorte** und eine **Donauwelle**. Für den Riesenerfolg sorgte aber Oma Gudrun aus dem Elztal mit ihrem leckeren **Erdbeerkuchen** Spätestens seit diesem Kuchen **war** das Café Rentnertraum **in aller Munde**[18]. Jeder, der ein Rezept im Rentnertraum abgab, wurde vorgestellt. In der **monatlich wechselnden**[19] Karte standen die verschiedensten Lebensgeschichten **sowie**[20] Erzählungen zum **Ursprung**[21] des Rezepts oder zur Heimat der Person, die ihr Backrezept **zur Verfügung gestellt hatte**[22].

Ein Vierteljahr später nahm Paulina Benni erneut zum Flüsterbogen mit: „Wie wäre es, wenn wir auch polnische Spezialitäten anbieten? Meine Oma hat da ein ganz tolles Rezept. Und es kommen doch immer häufiger Gäste aus Zgorzelec in unseren Rentnertraum."

der Erdbeerkuchen
Biskuitteig, der mit Sahne oder Pudding und Erdbeeren belegt ist

die Schwarzwälder Kirschtorte
aus Biskuit, Sahne, Kirschwasser und Schokoraspeln

der Streuselkuchen
Blechkuchen belegt mit Streuseln aus Mehl, Butter und Zucker

die Donauwelle
Rührkuchen mit Sauerkirschen, Sahne und Kakao

17 **der Holländische Kaffee** – Kaffeespezialität aus dem Rheinland mit Eierlikör, Schlagsahne und Schokoladenstreusel

18 **in aller Munde sein (idiom.)** – Gesprächsthema Nr. 1 sein

19 **monatlich wechselnd** – jeden Monat gibt es etw. Neues, (hier:) eine neue Karte

20 **sowie** – und außerdem

21 **der Ursprung** – Anfang, Beginn, Quelle

22 **zur Verfügung stellen** – jmdm. etw. geben, damit er es benutzen kann

26 DER HANDYDIEB VON AACHEN

Rheinisch-Westfälische Technische Hochschule, eine der besten Technischen Universitäten Deutschlands

RWTH AACHEN UNIVERSITY

Was meinst du:
- Freut man sich, wenn einem das Smartphone **geklaut**[1] wird? Und:
- Kann man dadurch berühmt werden?

Du würdest beide Fragen mit ‚Nein' beantworten? Dann hör' dir meine Geschichte an.

Alles begann an einem ganz normalen Tag. Es regnete und regnete – wie so oft in der Studentenstadt Aachen. Natürlich ist es nicht das schlechte Wetter, das junge Leute wie mich zum Studieren hierhin lockt, sondern **vielmehr**[2] die **renommierte**[3] **RWTH**. Aber als Studenten haben wir immer **gespottet**[4], dass die Universität ihren guten Ruf nur dem schlechten Wetter **zu verdanken hat**[5]. Was soll man auch schon unternehmen, wenn es den ganzen Tag regnet? Da bleibt einem ja fast nichts anderes übrig, als fleißig zu lernen.

Nach dem Studium bin ich trotz des schlechten Wetters weiter in Aachen geblieben. Und inzwischen weiß ich, dass man bei Regen auch ziemlich gut arbeiten kann.

Jedenfalls[6] war ich auf dem Weg von der Arbeit nach Hause, als ich feststellen

1 **klauen (ugs.)** – stehlen
2 **vielmehr** – genauer gesagt, eher
3 **renommiert** – mit einem guten Ruf, bekannt, berühmt
4 **spotten** – im Spaß sagen
5 **jdm. (hier: dem Wetter) etw. (hier: den guten Ruf) zu verdanken haben** – etwas nur durch jmds. Hilfe erreicht haben
6 **jedenfalls** – um zum Thema zurückzukommen

musste, dass mein Smartphone weg war. Zuerst überlegte ich noch, wo ich es wohl vergessen oder verloren haben könnte. Doch dann fiel mir wieder ein, was mir kurz vorher an der Haltestelle passiert war. Da hatte mich ein junger Mann **angerempelt**[7] und sich noch nicht einmal entschuldigt. Klar, er musste sich ja auch darauf konzentrieren, mir mein Handy aus der Tasche zu **stibitzen**[8]. So musste es gewesen sein! Wie hatte der Typ noch gleich ausgesehen? Ich konnte mich **beim besten Willen**[9] nicht mehr an sein Gesicht erinnern. Natürlich habe ich mich zuerst geärgert und bin gleich zur Polizei gegangen. Okay, das Handy war nicht mehr das neueste. Aber es waren natürlich viele persönliche Dinge gespeichert. Fotos, Kontakte, SMS, die Zugangsdaten zu meinen **Clouddiensten**[10] usw. „Haben Sie denn kein Passwort verwendet?“, fragte mich der Polizist. „Nein, leider nicht“, antwortete ich ihm. „Na, dann kann ich Ihnen leider auch nicht weiterhelfen“, meinte der Beamte nur und schickte mich wieder nach Hause.

Doch dann eines Abends – ich hatte mein Handy schon **abgeschrieben**[11] – zeigte sich der Dieb wieder. Ich bekam eine Nachricht von meinem Clouddienst, dass ein neues Foto hochgeladen worden war. „Komisch“, dachte ich mir, „ich habe mein neues Smartphone doch noch gar nicht mit der Cloud verbunden.“ Also öffnete ich das Foto. Und was sah ich da? Das war doch …

… der Typ von der Haltestelle! Da stand er vor dem **Aachener Dom** und aß in aller Ruhe eine **Printe**. Und machte ein **Selfie** mit meinem alten Smartphone. So eine **Frechheit**[12]!

dunkler Lebkuchen, Spezialität aus Aachen

Foto, das man auf einem Smartphone von sich selbst macht

der **Aachener Dom** - eine der ältesten und wichtigsten Kirchen Deutschlands und Wahrzeichen der Stadt, hier wurden deutsche Kaiser gekrönt und beerdigt

Wahrscheinlich hatte er vergessen, die Verbindung zwischen Telefon und Clouddienst zu löschen.

Mein erster Gedanke war: „Ab zur Polizei!“

Mein erster Gedanke war: „Ab zur Polizei!“ Schließlich hatte ich nun ein Foto mit dem Gesicht des Täters und die nächsten Bilder würden bestimmt nicht lange auf sich warten lassen. Für die Polizisten wäre es also ein **Kinderspiel**[13], den Mann zu fassen. Doch dann hatte ich eine andere Idee. „**Lass mal gut sein**[14]“, dachte ich mir.

Statt zur Polizei zu gehen, könnte ich die Fotos doch einfach online stellen und sie kommentieren.

Bis zum Nachmittag hatten mich zwei neue Fotos erreicht und ich eröffnete einen neuen Blog mit dem Titel „Deutschlands dümmster Handydieb“. Dann lud ich das erste Foto hoch und schrieb einen ironischen Kommentar zu ‚Karl‘, wie ich den Dieb genannt hatte:

7 **anrempeln** - kräftig mit der Schulter stoßen

8 **stibitzen** - nach einem klugen Plan stehlen

9 **beim besten Willen** - obwohl man stark nachdenkt

10 **der Clouddienst** - Datenbank für Fotos oder Dokumente, die sich nicht auf dem eigenen Computer oder Smartphone befindet

11 **abschreiben** - (hier:) die Hoffnung aufgeben, dass man etwas bekommt

12 **die Frechheit** - respektloses Verhalten

13 **ein Kinderspiel sein** - sehr leicht sein

14 **mal gut sein lassen (ugs.)** - nichts machen, da etw. nicht so wichtig ist

Lieber Karl,

Du bist ja ein ganz Süßer. Den Mund voller Printen, im Rücken den Dom und in der Hand mein Smartphone.

Deine Marie

senden

Offenbar hatte ich da genau **den richtigen Riecher gehabt**[15]. Innerhalb von ein paar Stunden wurden zahlreiche Kommentare geschrieben. Und nachdem ich die nächsten Fotos hochgeladen hatte, wurden es noch mehr: „Hallo? Ein Handydieb spielt Al Capone?" stand unter dem Foto, auf dem sich Karl neben dem **Marschiertor** in **Gangsterpose**[16] und im Anzug vor einem **Oldtimer** präsentierte.

der Oldtimer
altes Auto

das Marschiertor
Stadttor der früheren Stadtmauer Aachens, eines der besterhaltenen Stadttore in Europa

das **Universitätsklinikum** – eines der größten Krankenhausgebäude Europas, bekannt durch seine moderne Architektur

Auch die Fotos, die ich in den nächsten Tagen erhielt, sahen immer sehr ähnlich aus: im Hintergrund irgendeine Aachener Sehenswürdigkeit wie das **Universitätsklinikum** und im Vordergrund Karl. Mein Blog wurde zum **Stadtgespräch**[17] Nr. 1. Hier nur eine kurze Auswahl der **unzähligen**[18] Kommentare:

„Berühmter als **Karl der Große***!“*
„Wo lebt der Junge eigentlich? Weiß er gar nicht, dass alle seine Fotos kennen?“
„Bestimmt arbeitet er fürs Stadtmarketing!“
„Hart wie eine Aachener Printe – Karl, der Handydieb.“
„Ein böser Bub zeigt uns Aachens schönste Ecken.“

deutscher Kaiser aus Aachen, auch **Vater Europas** genannt

So ging das wochenlang. Doch eines Tages war alles vorbei. Ganz plötzlich kamen keine neuen Fotos mehr. Keine Ahnung warum. Vielleicht hatte Karl ja dann doch noch von meinem Blog gehört? Eigentlich ist es ja fast schade, dass diese Geschichte nun zu Ende sein soll. Denn mittlerweile war mir unsere seltsame Beziehung schon ein bisschen **ans Herz gewachsen**[19]. Aber vielleicht weißt du ja, was aus Karl geworden ist?

15 **den richtigen Riecher haben (idiom.)** – intuitiv wissen, was gut für einen ist
16 **die Gangsterpose** – sich wie ein/-e Verbrecher/-in präsentieren
17 **das Stadtgespräch** – (fast) alle Menschen einer Stadt sprechen über das gleiche Thema
18 **unzählig** – sehr zahlreich
19 **ans Herz wachsen (idiom.)** – jmdn. oder etw. lieb gewinnen, mögen

27 INS ZAUBERLAND

„Wohin bringst du mich?“, wollte Miriam schon wieder wissen. Seit Wochen war seine Antwort immer die gleiche: „Ins **Zauberland**[1].“ Mehr verriet er nicht.

Sie kannte Max seit mehr als einem Jahr. Es war **Liebe auf den ersten Blick**[2]. Für beide. Dabei war der Ort, an dem sie sich kennenlernten, **nicht gerade**[3] das, was man sich unter einem romantischen Plätzchen vorstellt: eine Schlange im Supermarkt. Er hatte sein Portemonnaie vergessen, sie zahlte für beide. Was ihr von Anfang an gefiel, waren sein Humor und seine **Gelassenheit**[4]. Seit ein paar Monaten lebten sie nun schon zusammen. Der Umzug hatte problemlos geklappt, **sieht** man mal **von** der kaputten Blumenvase **ab**[5].

die **Fähre** – Schiff, mit dem Personen und Autos transportiert werden

Irgendwann schlug Max dann den ersten gemeinsamen Urlaub vor. Er würde sich um alles kümmern, Miriam müsste nur mitkommen. Sie **ließ nicht locker**[6]: „Wo liegt denn dieses Zauberland?"

„Lass Dich überraschen", erwiderte er, „und vergiss beim Packen deinen Badeanzug nicht."

Das klang irgendwie schön, wie in einem Märchen.

Eigentlich hatte sie **auf** die Karibik oder ein anderes exotisches Reiseziel **getippt**[7]. Aber sie bemerkte, wie Max heimlich ein paar Pullis und dickere Sachen von ihr in seinen Koffer packte. „Vielleicht doch Island oder Norwegen?", dachte sie und packte weiter. Am frühen Morgen ging es dann los. Los in Richtung Zauberland. Kurz nach sechs fuhr ihr Zug ab. Miriam trank ihren Kaffee und fragte **gähnend**[8]: „Warum so früh?" Max sprach von einer **Fähre**, die sie auf eine Insel bringen würde. „Gibt es denn keine spätere?", **hakte** Miriam **nach**[9]. Die Antwort von Max brachte sie zum Lächeln: „Ins Zauberland kommt man nur einmal am Tag. Manchmal auch zweimal." Nur ein- oder zweimal? Das klang irgendwie schön, wie in einem Märchen.

1 **das Zauberland –** ein Land voller Magie, ein schöner Ort
2 **Liebe auf den ersten Blick (idiom.) –** sich sofort in jmdn. verlieben
3 **nicht gerade (iron.) –** etwas ganz anderes als
4 **die Gelassenheit –** cool, selbstbeherrscht, nicht nervös sein
5 **sieht man von ... ab –** abgesehen von – außer, mit Ausnahme von …
6 **nicht lockerlassen –** nicht aufhören, weiter fragen oder bitten
7 **tippen auf –** bei einem Rätsel vermuten, dass … die Lösung ist
8 **gähnen –** den Mund aufmachen und mehr oder weniger laut einatmen, Zeichen von Müdigkeit
9 **nachhaken –** ein zweites Mal fragen, nachfragen

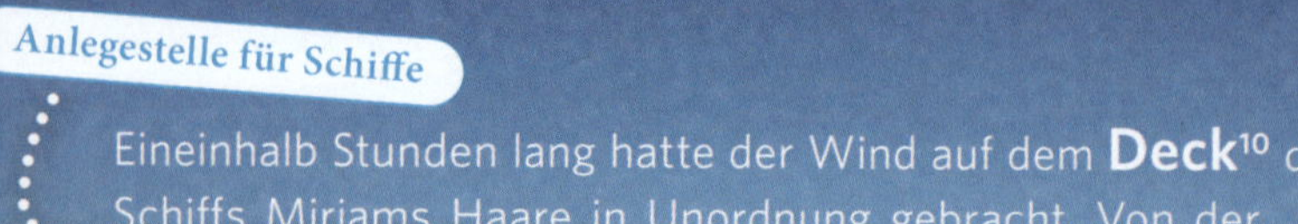

Anlegestelle für Schiffe

Eineinhalb Stunden lang hatte der Wind auf dem **Deck**[10] des Schiffs Miriams Haare in Unordnung gebracht. Von der Fähre aus blickte sie nun auf den **Hafen** und die Insel. Auf das Ziel ihrer Reise. Aufs Zauberland. **Juist** war der Name der Insel, so viel wusste sie inzwischen.

eine der ostfriesischen Inseln im niedersächsischen Wattenmeer

Sie gingen von Bord, Max umarmte sie und schien fast etwas nervös. „Und?“, fragte er. Miriam war sofort wie verzaubert. Sie sah hier keine Autos, nur **Pferdekutschen** und Fahrräder. Die Luft war sauber, sie roch nach Salz, Meer und Sand. Und nach Erholung. „Mir gefällt's“, antwortete sie. „Sehr sogar.“ Während sie ihr Gepäck zur Unterkunft brachten, erzählte Max ihr, dass er als Kind oft auf Juist gewesen war. Sie gingen nur fünf Minuten zu Fuß und schon waren sie da. Max stellte seinen Koffer ab und schlug vor: „Komm, lass uns gleich zum Strand gehen.“

die **Pferdekutsche** – Wagen mit vier großen Rädern aus Holz, der von Pferden gezogen wird; übliches Transportmittel, als es noch keine Autos gab.

Mit 17 Kilometern von West nach Ost ist **Juist** die längste der ostfriesischen Inseln. Alle Inseln liegen in einem 90 km langen Band dicht vor der deutschen **Nordseeküste**.

„Sag mal, wie schmal ist die Insel denn eigentlich? Viel ist das ja nicht.“ Miriam schaute von der Promenade auf den weißen Strand. Max **grinste**[11]: „500 Meter, an manchen Stellen auch ein bisschen mehr, die Hälfte davon Strand. Und 17 Kilometer lang: die schönste **Sandbank** der Welt.“

die **Sandbank** - eine lange, schmale Fläche aus Sand, meist im flachen Meer, die nur zu sehen ist, wenn das Wasser nicht hoch steht

Am nächsten Morgen gingen sie gleich wieder an den Strand, bis nach vorne ans Meer und dann nach rechts. Kilometer um Kilometer gingen sie. Schauten aufs Meer. Redeten, erzählten und **alberten herum**[12]. Alles, wirklich alles war perfekt. Am frühen Abend saßen sie dann im **Lütje Teehuus**[13]. Klein war es tatsächlich, Miriam hatte beim Hineingehen den Kopf einziehen müssen. Drinnen wartete eine süße Teestube mit blau-weißen Gardinen und Tischdecken auf sie. Zusammen bestellten sie eine große Kanne Ostfriesentee mit **Kluntjes un Room**. Max zeigte ihr, wie man den **Kandiszucker** in der Teetasse knacken lassen konnte. Danach goss er ein bisschen von der Sahne in die Tasse. Wie Wolken **verlief**[14] die Sahne in der Teetasse. „Das ist eine ostfriesische Teezeremonie“, sagte Max. Miriam war fasziniert. Wie eine Meditation kam ihr das alles vor. Oder wie ein Zauber.

10 **das Deck -** (meist das oberste) Stockwerk eines Schiffes
11 **grinsen -** breit lächeln
12 **herumalbern -** nicht ernst sein, sich wie ein Kind benehmen
13 **Lütje Teehuus (plattdeutsch) -** Kleines Teehaus
14 **verlaufen -** (hier:) sich mit dem Tee vermischen

Miriam lächelte Max an: „Sag mal, was hat es denn jetzt eigentlich mit diesem Zauberland auf sich?" Max erzählte ihr von Hexen. Vom Namen **‚Töwerland'**, der ins Hochdeutsche übersetzt ‚Zauberland' bedeutet. Und davon, dass der Name dann irgendwann auch für die Tourismuswerbung genutzt wurde. „Passt doch, oder?"

die Robbe
Säugetier, das die meiste Zeit am Strand verbringt, aber sehr gut schwimmen und tauchen kann und im Wasser jagt.

der Seehund
kleine, schlanke Unterart der Robben

der Wattwurm
fingerdicker Wurm, der im Meeresboden in der Nähe vom Strand lebt. Die kleinen Haufen auf dem Foto unten stammen alle von Wattwürmern.

die Krabbe
Lebewesen aus dem Meer mit sechs Beinen und zwei Scheren.

die Muschel
Lebewesen aus dem Meer mit harter Schale, die man oft leer am Strand findet

das **Töwerland** – seit dem 19. Jahrhundert bekannter und genutzter Name für die Insel Juist, vom mittelniederländischen Wort ‚töver', das ‚Zauber' bedeutet.

Ja, das passte. Nicht nur an diesem Tag, sondern auch an den folgenden. Voller Zauber waren sie. Spannend war auch die Natur: Mit der **Flut**[15] kam das Wasser, mit der **Ebbe**[16] verschwand es wieder. Jeden Tag aufs Neue, jeweils zweimal. Bei Ebbe konnte man dann sogar den Meeresboden sehen oder auf ihm herumspazieren! An einem Tag machten Max und Miriam eine Wanderung durchs **Wattenmeer** mit dem Wattführer Heino, der ihnen **Krabben, Muscheln** und **Wattwürmer** zeigte. Sie lernten, zwischen **Seehunden** und **Robben** zu unterscheiden. Und am Ostende der Insel, Kalfamer genannt, sammelten sie Muscheln. Bei einem Workshop probierten sie aus, wie man Schmuck aus diesen Muscheln machen kann. **Die Zeit verging wie im Flug**[17].

das **Wattenmeer** – flaches Meer in Norddeutschland, bei Ebbe verschwindet das Wasser

15 **die Flut** – Hochwasser, das zweimal pro Tag kommt

16 **die Ebbe** – Niedrigwasser, das zweimal pro Tag kommt

17 **Die Zeit verging wie im Flug. (idiom.)** – Die Zeit verging sehr schnell.

weißes Brot mit Rosinen

Doch auch der schönste Urlaub muss einmal enden. Für den letzten Tag hatte sich Max noch etwas ganz Besonderes ausgedacht: eine Fahrradtour zum Westende der Insel. Dort gibt es die Domäne Bill. Früher war das ein Bauernhof, heute ist es ein Ausflugslokal. Sie aßen **Rosinenstuten** mit Butter und tranken dazu eine leckere **Rhabarberschorle**. Wieder schien der sonst so coole Max etwas nervös zu sein. Warum nur? Obwohl schon graue Wolken **aufgezogen**[18] waren, gingen die beiden nach dem Essen wieder ans Meer. „Ach, Max, es ist alles so schön. Auch wenn es gleich regnet." Max hörte aber gar nicht zu. Er achtete auch nicht auf den Sturm, der gleich anfangen würde. Er konzentrierte sich nur darauf, eine Flasche aus dem Rucksack zu holen und diese dann ins Wasser zu schmeißen. „Miri, schau mal da, eine **Flaschenpost**." Miriam sah nichts, es hatte angefangen zu regnen. Der Sturm wurde immer stärker. „Max, lass uns zurück zur Domäne Bill gehen." Max hielt sie fest und **schrie gegen den Wind an**[19]: „Nein, nein. Du musst die Flaschenpost holen!" So kannte sie ihn gar nicht. Und überhaupt war die Flasche sowieso längst verschwunden. Max stand da, war von oben bis unten nass und **rührte sich**[20] nicht. „Max, komm!"

Mischgetränk aus Wasser und Rhabarbersaft

So kannte sie ihn gar nicht.

Zurück in der Domäne Bill bestellten sie einen Ostfriesentee, den letzten in diesem Urlaub. „Warum war dir die Flaschenpost so wichtig?", fragte Miriam. „Du konntest doch gar nicht wissen, was drin ist." Max hatte seine Gelassenheit wiedergefunden und lächelte. „Doch", sagte er, „da war eine Frage für dich drin. Und ein Ring." Miriam brauchte ein paar Sekunden, bis sie verstand, dann antwortete sie – mit einem kurzen Ja. Nach ein paar Minuten der Stille fragte sie Max. „Was meinst du, wohin wird das Meer die Flasche wohl bringen?

die **Flaschenpost** – Nachricht in einer Flasche, die ins Meer geworfen wird

18 **aufgezogen –** (von:) aufziehen, kommen

19 **gegen den Wind anschreien –** so laut rufen, dass man trotz des Windes gehört wird

20 **sich nicht rühren –** sich gar nicht bewegen, vor Schreck, Angst … ganz still stehen

28 MORGENS UM NEUN IN ISNY

Ort, an dem Käse hergestellt wird

So schwer hatte sich Tobias das alles nicht vorgestellt. Nachdenklich schaute er über die grünen Hügel des Allgäus auf die schneebedeckten Berge der Alpen in der Ferne. Seit mehr als einem Jahr war er nun schon ein **Aussteiger**[1].

Tobias hatte damals einfach genug. Genug von seiner Arbeit. Genug von den vielen **Dienstreisen**[2] durch ganz Deutschland. Genug von der Stuttgarter Luft. War es also **Schicksal**[3]?

Auf einer seiner Dienstreisen traf er im Zug einen traurigen alten Mann namens Rups. Dieser kam gerade von einer großen Familienfeier. In wenigen Worten erzählte Rups ihm von seinem Bauernhof und von den Kühen. Er bot ihm Käse **aus eigener Herstellung**[4] an und schnitt dazu eine Scheibe vom frischen Landbrot ab. Schließlich sagte Rups auch, warum er so traurig war: „Niemand in meiner Familie will den Hof und die **Käserei** übernehmen. Und ich bin so alt, dass ich es schon bald nicht mehr schaffe." Tobias hingegen sprach über seine Arbeit, den Stress und seine Unzufriedenheit. Kurz vor

Essen für Tiere

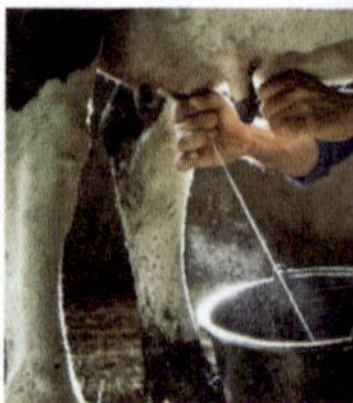

Stuttgart tauschten sie noch ihre Telefonnummern aus.

Nur zwei Tage danach rief Tobias bei Rups an. Tobias' Kollegen erklärten ihn für verrückt, als er sagte, er wolle einen Bauernhof übernehmen. Tobias, der Stadtmensch, auf dem Land? Tobias, der **keine Party ausließ**[5], zwischen Kühen, Milch und Käse? Ohne Ausbildung und Erfahrung? Nach einem einzigen Gespräch im Zug?

15 Monate war das nun schon her. Lange Zeit lief der Hof auch wirklich gut. Rups wusste alles und Rups zeigte ihm alles: welches **Futter** das beste ist. Worauf er bei der Käseherstellung achten muss. Was wann und wie oft **gereinigt**[6] werden muss. Vor allem ließ ihn Rups aber in die Welt der Kühe **eintauchen**[7]. So lernte Tobias im Laufe der Zeit viel mehr als nur praktische Dinge wie das **Melken**. Dass Kühe soziale und **gesellige**[8] Tiere sind, hatte Tobias zum Beispiel nicht gewusst. Doch schon in den ersten Tagen bemerkte er es selbst. Er verstand auch, dass Kühe nicht immer nur muhen. Sind sie durstig, brummen oder brüllen sie. Einmal vergaß er eine Kuh beim Füttern. Rups übersetzte ihm das „Möh" als Protest.

Milch aus einer Kuh „holen"

1 **der Aussteiger** – Person, die ihren bisherigen Beruf aufgibt, um ein ganz anderes, ruhigeres Leben zu führen. Meist zieht die Person dafür aufs Land.

2 **die Dienstreise** – Reise, die man für seinen Beruf macht

3 **das Schicksal** – höhere Macht, die das eigene Leben beeinflusst

4 **aus eigener Herstellung** – selbst gemacht

5 **keine Party auslassen (idiom.)** – viel und oft feiern

6 **reinigen** – putzen, sauber machen

7 **in etwas eintauchen** – sich sehr mit etwas beschäftigen, viel über eine Sache lernen

8 **gesellig sein** – gern in Gesellschaft sein, nicht gern allein sein

„Nur glückliche Kühe geben gute Milch. Nur mit guter Milch bekommt man guten Käse. Und nur mit gutem Käse gewinnt man glückliche Kunden", **pflegte**[9] er immer **zu sagen**.
Am interessantesten war aber, dass Tobias außer den Namen nach und nach auch die verschiedenen Charaktere der Kühe kennenlernte. Olga war **sanft**[10], Claudia stolz und Regina **störrisch**[11]. Er mochte sie alle. Mitgebracht auf den Hof hatte er auch seine Fotokamera. Und damit machte er fast jeden Tag Fotos von den Kühen. Dabei versuchte er, die **Eigenheiten**[12] jeder Kuh **einzufangen**[13]. Mit Rups schaute er sich diese Kuh-Fotos immer wieder gerne an.
Jeden Donnerstag verkauften sie ihren Käse auf dem Wochenmarkt von Isny. Oft hängte Tobias ein aktuelles Foto von Olga, Claudia, Regina oder einer anderen Kuh an ihren Stand. „Unsere Mitarbeiterin der Woche", stellte er die Tiere dann den Kunden vor.
Einmal führte Rups seinen neuen Kollegen wie einen Touristen durch die Altstadt. Ganz besonders gefielen Tobias die **Arkadengänge**[14], die vielen Türme und die **Nikolaikirche**. Sie machten noch eine Führung in die Predigerbibliothek mit ihren alten Büchern aus den Anfängen des Buchdrucks. Tobias war beeindruckt. Doch auch im historischen Zentrum begegnete ihnen wieder eine Kuh, nämlich beim Steuerzahlerbrunnen. Dieser zeigt einen Finanzbeamten, der

auf seinem Bürostuhl eine Kuh melkt. Die Kuh symbolisiert den Steuerzahler. Aber der Eimer des Beamten hat Löcher. Und durch diese Löcher läuft die Milch auf den Boden und wird von einer Katze aufgeleckt. Die Steuern sind also, wie es so schön heißt, „**für die Katz**[15]."

Und dann kam ein besonderer Tag.

Im Februar kam dann die Fasnet, die Allgäuer Variante des Karnevals. Tobias war eigentlich ein Karnevals**muffel**[16], doch die **aufwendigen**[17] Kostüme bei der Parade faszinierten ihn. Auf vielen Fotos hielt er die Stallhex oder die Masken der „Bunten Kuh" und „Lachenden Kuh" fest.

Am liebsten fotografierte er aber ihre eigenen Kühe auf der **Weide** oder im Stall. Und dann kam ein besonderer Tag: In Isny gibt es nur selten Nebel. Doch dieser Februarmorgen war anders. Er tauchte alles in ein ganz besonderes Licht und zeigte Tobias' Lieblingskuh Cleo von ihrer **Schokoladenseite**[18]. Manchmal gelingen einem Fotos, die mehr zeigen und mehr Gefühle transportieren als andere. So **ein Foto** hatte Tobias **geschossen**[19].

die Weide

grünes Land, auf dem Kühe, Pferde oder Schafe herumlaufen und essen

9 **zu sagen pflegen** – oft und gern sagen

10 **sanft** – lieb, ruhig, freundlich

11 **störrisch sein** – nicht das machen, was jemand anderes von einem will

12 **die Eigenheit** – Angewohnheit, Art, Charakter

13 **einfangen** – (hier:) auf einem Foto zeigen

14 **der Arkadengang** – Flur, der auf der einen Seite offene Bögen als Fenster hat

15 **für die Katz sein (idiom.)** – sinnlos/umsonst sein, kein Ergebnis bringen

16 **der Muffel** – Person, die etwas nicht mag oder der etwas egal ist, meist als zweiter Teil eines zusammengesetzten Worts

17 **aufwendig** – kompliziert, mit viel Liebe und Mühe hergestellt

18 **die Schokoladenseite** – die Seite, von der man am besten aussieht

19 **ein Foto schießen (ugs.)** – ein Foto machen

Anstrengend und schön war es in den ersten Monaten, doch sie hatten auch Sorgen. Obwohl sie auf dem Markt viel Käse verkauften, wurde es immer schwerer, sich als kleiner Hof **gegen die** große **Konkurrenz** zu **behaupten**[20]. 12 Kühe gegen 580. Handarbeit gegen Vollautomatisierung. Dann wurde Rups auch noch krank und sie brauchten eine Aushilfe. Und das Geld wurde knapp.

Tobias schaute also an diesem Morgen auf die Berge und dachte nach. Cleo muhte zufrieden. Es war morgens um neun in Isny, als er endlich den rettenden Einfall hatte. Zwölf Kühe und zwölf Monate: ein **Kuhkalender**. In nur zwei Tagen suchte er die besten Motive aus seinem Fotoarchiv heraus und ordnete sie nach Jahreszeiten. Auf den Titel kam Cleo im Nebel, so viel war klar. Und es war wohl dieses eine Foto, das den Erfolg brachte. Kein Kalender verkaufte sich so gut wie Tobias' Kuhkalender. In ganz Deutschland hing Cleo an den Küchenwänden.

Noch mehr freute sich Tobias aber darüber, dass Rups wieder gesund und immer kräftiger wurde. „Und im nächsten Jahr?" Tobias' Antwort auf Rups' Frage kam schon nach ein paar Sekunden: „Vielleicht ein Ziegenkalender? Wir könnten uns zwölf Ziegen anschaffen."

20 **sich gegen die Konkurrenz behaupten** – eine Chance haben gegen andere, die dieselben Produkte verkaufen

Das Allgäu ...

... ist eine Region im Süden Deutschlands und grenzt an Österreich.

In der Zeit zwischen Mitte September und Mitte Oktober findet der Almabtrieb statt – im Allgäu wird dieser Viehscheid genannt. Dabei werden die Kühe festlich geschmückt und von den Bergweiden (Almen) ins Tal geführt.

Der Almabtrieb ist in vielen Orten zu einer Touristenattraktion geworden und wird mit Festen gefeiert.

Die Herde wird dabei von der Kranzkuh angeführt, die einen besonders prächtigen Kopfschmuck trägt, der vor bösen Geistern schützen soll. Auch werden größere Kuhglocken als üblich benutzt.

Rund 20.000 Kühe gibt es im Allgäu. Sie produzieren jedes Jahr um die 1 Million Liter Milch, woraus viele Käsespezialitäten hergestellt werden. Ein typisch allgäuerisches Gericht mit würzigem Käse sind **Allgäuer Kässpätzle** – suchen Sie einmal im Internet nach einem Rezept und probieren Sie es aus!

Die **Allgäuer Alpen** sind eine Gebirgsgruppe der Alpen. Sie erstecken sich östlich des Bodensees bis nach Österreich hinein. Der höchste Gipfel ist der **Große Krottenkopf** mit **2.657** Metern.

Ein besonderes Kulturgut ist die **Allgäuer Fasnacht.** Besonders an dieser Form des Karnevals sind verschiedene Holzmasken, die meistens Hexen, Dämonen o. Ä. zeigen.

Was aussieht wie in Patagonien, liegt in Wirklichkeit im Allgäu. Der Schrecksee auf 1.813 Metern Höhe ist einer von vielen Alpseen. Die meisten haben tiefblaues, manchmal fast türkisfarbenes Wasser – aber Achtung: sie sind eiskalt!

kristallklar
etw. ist sehr klar, sauber und ohne Trübungen

29 EIN JUNGER TRAUM

„Du bist nie zu alt, um einen jungen Traum zu träumen", stand auf dem Schild, das der alte Steiner gekauft hatte. Als er das Geschäft verließ, sagte er mit einem geheimnisvollen Lächeln: „Es gibt noch Abenteuer. Man muss sie nur suchen und finden." Seit diesem Tag war er verschwunden. Das heißt, er hatte das Dorf eigentlich nicht verlassen. Doch die Leute am St. Moritzersee **bekamen** ihn nicht mehr **zu Gesicht**[1]. Die Einkäufe erledigte nun immer der junge Steiner. Der wohnte zwar eigentlich in Basel, kam jetzt aber oft zu Besuch. Dass der alte Steiner noch da und keineswegs krank war, konnte man daran erkennen, dass jeden Tag seine tiefe Stimme aus seinem **Schuppen dröhnte**[2]. Ansonsten waren noch verschiedene andere interessante Geräusche zu hören: **Hämmern**, **Bohren**, **Feilen** und **Schleifen**

verschiedene Methoden der Holz- und Eisenbearbeitung

der Schuppen
einfaches Holzhaus, meist für Geräte oder als Werkstatt genutzt

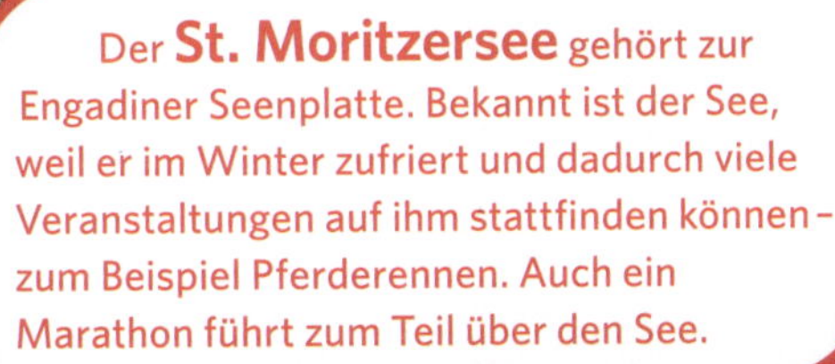

Der **St. Moritzersee** gehört zur Engadiner Seenplatte. Bekannt ist der See, weil er im Winter zufriert und dadurch viele Veranstaltungen auf ihm stattfinden können – zum Beispiel Pferderennen. Auch ein Marathon führt zum Teil über den See.

Immer, wenn der junge Steiner im Ort gefragt wurde, was sein Vater denn **aushecken**[3] würde, **zuckte** er nur **mit den Schultern**. Natürlich wusste er genau, was sein Vater vorhatte. Aber das brauchte niemand zu wissen. Noch nicht zumindest. Deshalb antwortete er auf alle Fragen: „Keine Ahnung. Er lebt halt seine Träume." So ging es Tag für Tag, Woche für Woche und Monat für Monat.

Doch dann ließ der Sohn eines Tages **die Bombe platzen**[4]. Nicht, dass er mit irgendjemandem in St. Moritz gesprochen hätte. Nein, er veröffentlichte ein Video, in dem der Schuppen von innen zu sehen war. In der ganzen Schweiz wurde nun über den alten Steiner gesprochen und natürlich über seinen Traum. Es gab wirklich niemanden, den das Thema **kaltließ**[5]. Schließlich klang sein Plan schon sehr verrückt.

mit den Schultern zucken
(idiom.) die Schultern nach oben bewegen, um zu signalisieren, dass man etwas nicht weiß

1 **zu Gesicht bekommen (idiom.)** – sehen
2 **dröhnen** – laut zu hören sein
3 **aushecken (ugs.)** – einen Plan haben
4 **die Bombe platzen lassen (idiom.)** – eine überraschende Nachricht mitteilen
5 **kaltlassen (ugs.)** – nicht interessieren

die Draisine
Schienenfahrzeug zur Inspektion von Eisenbahnstrecken

Das Video zeigte den alten Steiner, wie er in seinem Schuppen an einer **Draisine** arbeitete. Ausgestattet war die Draisine mit **Zahnrad-**, **Hand-** und **Pedalantrieb**[6], einem **Stromabnehmer für die Oberleitung**[7] und einem Motor. Im ganzen Film sagte der alte Steiner kein Wort. Erst am Ende erklärte er langsam und deutlich: „Ich werde zusammen mit meinem Sohn auf der Draisine von St. Moritz bis nach Zermatt fahren, also auf der Strecke des Glacier-Express." Pause. Dann wiederholte er, als wisse er schon, dass seine Zuhörer ihm das ganz bestimmt nicht glauben würden: „Ja, ihr habt richtig gehört: mit einer Draisine. Und ja, ganz recht: über den **Oberalppass** und den Rhone**gletscher**[8]."

„Das wird er niemals schaffen", waren sich die meisten Leute sicher. „Das ist unmöglich", meinten andere. Nur wenige hatten größeres Vertrauen in den alten Mann und seinen Sohn: „Warum denn nicht? Das könnte doch klappen."

Am 1. August, dem Tag der **Bundesfeier**[9], ging es los. Der Anfang der Strecke war **harmlos**[10], bis Celerina ging es schließlich leicht runter. Der erste Höhepunkt war das **Landwasserviadukt**.

Der Oberalppass liegt auf 2044 Meter Höhe. Man kann ihn auf dem **Senda Sursilvana**-Wanderweg überqueren.

der Pass
(hier:) niedrigster Punkt zwischen zwei Bergen, häufig führen hier Wege und Straßen entlang

das **Landwasserviadukt** – 65 m hohe und 136 m lange Eisenbahnbrücke, seit 2008 Teil des UNESCO-Weltkulturerbes

Spätestens jetzt elektrisierte der Traum des alten Steiner nicht nur die Schweiz.

der Steinbogen
halber Kreis aus Stein, oft als unterstützendes Element in großen Kirchen und unter Brücken

Der junge Steiner hatte auf der Draisine Kameras installiert. Außerdem hatte er einen Sponsor gefunden, der die Fahrt von einem Helikopter und von strategischen Punkten aus filmte. Wenig später gingen die Bilder der Draisine auf der langen Brücke mit ihren großen **Steinbögen** schon um die Welt. Spätestens jetzt **elektrisierte**[11] der Traum des alten Steiner nicht nur die Schweiz.

Bei der **Rheinschlucht**, dem Schweizer Grand Canyon, gab es die nächsten faszinierenden Bilder zu **bestaunen**[12]. Alle **fieberten mit**, denn ab sofort ging es steil **bergauf**[13].

die Rheinschlucht
bis zu 350 Meter tiefes und rund 14 Kilometer langes Tal mit einzigartiger Natur

6 **der Zahnradantrieb/Handantrieb/Pedalantrieb** – Konstruktion zur Bewegung einer Maschine per Zahnrad/Hand/Pedal

7 **der Stromabnehmer für die Oberleitung** – Konstruktion zur Übertragung von Strom auf dem Dach von Eisenbahnen und Straßenbahnen

8 **der Gletscher** – große alte Eisfläche, die sich langsam bewegt

9 **die Bundesfeier** – Schweizer Nationalfeiertag

10 **harmlos** – (hier:) ohne größere Herausforderungen

11 **elektrisieren** – (hier:) stark interessieren

12 **bestaunen** – etw. mit großen Augen ansehen, als wäre es ein Wunder

13 **bergauf/bergab** – den Berg hinauf/hinab, nach oben/unten

„Werden sie es schaffen?“, fragten sich die Zuschauer in der ganzen Welt und hielten den Atem an.
Sie schafften es. Oben angekommen sagte der alte Steiner in eine Fernsehkamera: „Du bist nie zu alt, um einen jungen Traum zu träumen.“
Anschließend ging es wieder **bergab**, bis nach Andermatt. Und sie schafften auch noch die zweite **Steigung**[14] bis zum **Rhonegletscher**. Hier wurden wieder eindrucksvolle Videos gefilmt, die Steiners und ihre Draisine immer mittendrin.

Die **Rheinschlucht** mit ihren vielen Wanderwegen und der Eisenbahnstrecke gilt als der Schweizer Grand Canyon.

Der **Rhonegletscher** ist etwa acht Kilometer lang und zwei Kilometer breit. Die Touristenattraktion schmilzt seit Jahrzehnten und wird bis 2100 wohl verschwunden sein.

Als sie schließlich müde am Ziel in Zermatt ankamen, fragte ein Journalist aus Kanada:

15 die Steigung – Strecke, die nach oben führt

16 trocken – (hier:) ruhig, cool

30 EINE GUTENACHT-GESCHICHTE REIST UM DIE WELT

Geschichte, die Kindern vor dem Einschlafen erzählt wird

Verliebt schaut Letícia ihren Mann an. Wie fast jeden Abend erzählt Luíz ihren beiden Töchtern eine **Gutenachtgeschichte**. Heute geht es um eine junge **Elefantenkuh**[1]. **Gespannt**[2] **lauschen**[3] Ana und Maria den Worten ihres Vaters. „Wie er nur immer auf diese exotischen und **fesselnden**[4] Geschichten kommt?", fragt sich Letícia.

Sie wohnen in der Nähe von Fortaleza. Jetzt, in den 70er-Jahren, ist das Leben in Nordbrasilien nicht leicht. Aber Letícia ist glücklich: Luíz ist ein liebevoller Ehemann und Vater. Und ihrer Familie geht es gut. Luíz arbeitet im **Hafen** der Großstadt. Es ist zwar eine harte und anstrengende Arbeit, die eigentlich so gar nicht zum kleinen und poetischen Luíz passt. Aber er sagt immer nur mit einem Lächeln:

Bereich am Ufer, an dem Schiffe anlegen können

„Für meine drei Engel würde ich doch alles tun!"

Jahrzehnte später: Die Schwestern Ana und Maria sitzen im Flugzeug und schnallen sich an. Ihr Flieger geht nach Deutschland **und somit**[5] in das Land, in dem Ana seit ein paar Jahren arbeitet. „Wohin bringst du mich? Und warum?", fragt Maria ihre ältere Schwester.

Der letzte Monat war für beide sehr traurig gewesen. Ihr Vater war gestorben. Ganz unerwartet, nicht nach langer Krankheit, sondern plötzlich und ohne **Vorwarnung**[6]. Zunächst hatten die beiden Schwestern noch ihrer Mutter geholfen, die **Beerdigung**[7] zu organisieren und alles andere zu regeln. Danach hatte Ana ihre kleine Schwester mit nach São Paolo genommen. Und nun sollte es weiter nach Deutschland gehen? „Ich möchte dir etwas zeigen. Zum **Gedenken**[8] an Papa", erklärt Ana.

„Und deswegen müssen wir bis nach Deutschland fliegen?", fragt Maria. „Was hat Papa mit Deutschland zu tun? Er ist doch niemals aus Brasilien rausgekommen." Doch mehr will Ana nicht verraten. Sie **tut** nur ganz **geheimnisvoll**[9]: „Du wirst schon sehen."

Nach elfeinhalb Stunden Flug landen sie auf dem Frankfurter Flughafen, steigen in den ICE nach Köln und dort in den Zug nach Wuppertal. Maria ist nach dieser **Odyssee**[10] todmüde. „Lass uns gleich schlafen gehen", bittet sie ihre Schwester. Zum Glück liegt Anas Wohnung in Bahnhofsnähe.

1 **die Elefantenkuh** – weiblicher Elefant

2 **gespannt** – sehr interessiert und aufmerksam

3 **lauschen** – still sitzen und genau zuhören

4 **fesselnd** – spannend, sehr interessant

5 **und somit** – also, das heißt

6 **die Vorwarnung** – Signal oder Hinweis

7 **die Beerdigung** – Verabschiedung von einem gestorbenen Menschen auf dem Friedhof

8 **zum Gedenken an** – zur Erinnerung an eine Person

9 **(ganz) geheimnisvoll tun** – durch Worte oder Gesten zeigen, dass man ein Geheimnis / eine Überraschung hat

10 **die Odyssee** – lange und anstrengende Reise mit vielen Stationen

die **Wuppertaler Schwebebahn** – 1901 gebaute, hängende Straßenbahn, Wahrzeichen der Stadt Wuppertal

Am nächsten Tag zeigt Ana ihrer jüngeren Schwester zuerst die Wohnung, danach gehen sie in die Stadt. Anschließend steigen sie die Treppen hoch bis zu einer der Stationen der Wuppertaler **Schwebebahn**. Maria schaut staunend auf den ungewöhnlichen Zug. Als sie einsteigen, fragt Ana: „Na, erinnert dich das nicht an irgendetwas?" Maria **versteht nur Bahnhof**[11]. „Darum bist du hier", **hilft** Ana ihr **auf die Sprünge**[12] und zeigt auf die Gleise und die Bahn über ihnen. Maria antwortet: „Klar, die Schwebebahn ist echt **beeindruckend**[13]. Aber deswegen den ganzen weiten Weg aus Brasilien?" Da zieht Ana eine Postkarte aus der Tasche und zeigt sie Maria. Auf der Karte ist ein Elefant zu sehen, der aus der Schwebebahn in den Fluss darunter fällt. „Kommt dir das nicht bekannt vor?", fragt Ana.

Maria schüttelt den Kopf. Nun imitiert Ana den dramatischen **Tonfall**[14] ihres Vaters und **rezitiert**[15]: „ Es war einmal eine junge Elefantenkuh namens **Tuffi**. Die reiste mit einem Zirkus durch ganz Deutschland. Als sie in Wuppertal ankamen, ..." – Ana spricht den Namen der Stadt mit einem starken brasilianischen Akzent aus, ganz wie ihr Vater damals – „hatte der Zirkusdirektor eine Idee. Tuffi sollte als Marketingaktion in der Schwebebahn mitfahren oder besser gesagt mitfliegen. Denn die Schwebebahn, müsst ihr wissen, ist ein Zug, der durch die Luft fliegt ..." Endlich nickt Maria und meint: „Ana, jetzt fällt es mir wieder ein. Natürlich!"

„Ist die Geschichte denn wahr?“, fragt sie.

Es ist die Gutenachtgeschichte, die ihr Vater ihnen damals in den 70er-Jahren erzählt hatte. Maria kommen die Tränen. „Ist die Geschichte denn wahr?“, fragt sie **ungläubig**[16]. Ana antwortet: „**Und ob!**[17] Ganz genauso ist es gewesen. Tuffi war zu schwer für den Sitz, der ging kaputt, Panik und Chaos brachen aus und Tuffi sprang am Ende aus der fahrenden Bahn in den Fluss ...“ „Und hat Tuffi so wie in Papas Geschichte wirklich überlebt?“, **drängt**[18] Maria. „Das wirst du gleich sehen. Warte noch einen Moment“, verspricht Ana. An der Station „Adlerbrücke“ steigen sie aus und gehen ein Stück unter der Schwebebahn die Straße entlang.

Plötzlich bleibt Ana stehen und zeigt auf ein **Gemälde**[19] an einer Hallenwand, das einen kleinen grauen Elefanten zeigt. „Tuffi hat überlebt. Hier ist sie in die **Wupper** gestürzt, so wie Papa es uns erzählt hat.“ Sie fährt fort: „Sieben Jahre ist es her, dass ich aus Brasilien nach Deutschland gekommen bin. Als ich zum ersten Mal hier stand und Tuffi an der Wand gesehen habe, musste ich **vor Rührung weinen**[20]. Ich habe es dir damals nicht erzählt, aber ich dachte, nun wäre der richtige Moment gekommen.“

Wupper: Fluss, nach dem die Stadt Wuppertal benannt ist

11 **nur Bahnhof verstehen (idiom., ugs.)** – gar nichts verstehen
12 **jmdm. auf die Sprünge helfen (idiom.)** – jmdm. einen Hinweis geben, damit er besser versteht
13 **beeindruckend** – faszinierend, toll
14 **der Tonfall** – Charakteristik einer Stimme durch Melodie, Akzent und Intonation
15 **rezitieren** – ein Gedicht oder einen anderen Text vor einem Publikum sprechen
16 **ungläubig** – zweifelnd
17 **Und ob!** – Ja, klar! Das kannst du mir glauben!
18 **drängen** – ungeduldig nachfragen
19 **das Gemälde** – Bild, meist von einem bekannten Künstler/einer bekannten Künstlerin
20 **vor Rührung weinen (idiom.)** – in einer emotionalen Situation weinen

„Aber wie hat Papa von der Geschichte erfahren? Es gab damals doch kein Internet, wir hatten keinen Fernseher …“, wundert sich Maria. „Ich vermute, er hat sie im Hafen von einem **Matrosen** gehört“, antwortet Ana, „Mit allen Details. Sogar der Hinweis, dass für Tuffi fünf Fahrkarten gekauft werden mussten, stimmt. Die Gutenachtgeschichte ist also um die ganze Welt gereist, bis zu uns nach Fortaleza …“

der Matrose
Seemann, Arbeiter auf einem Schiff

31 EINE DOPPELTE BEICHTE[1]

Das **Roggendorf-Haus** ist die Heimat der **Flossis** – das sind über 4 Meter hohe Kunststoff-Männchen der Stuttgarter Kunstprofessorin und Künstlerin Rosalie, die an den Hauswänden hochklettern.

Am Ende ging dann alles ganz schnell. Johannes steht vor dem **Roggendorf-Haus** und schaut auf die **Flossis**. „Mein Arbeitsplatz", denkt Johannes, „und die Flossis klettern nur nach oben. Was ist mit denen, **für die es nach unten geht**[2]?" Langsam dreht er sich um und schaut auf den Rhein. „Wie soll ich es ihr nur sagen?"

Petra steht in der Küche und sieht aus dem Fenster. Die Kinder sind noch in der Schule. Wenn sie zurückkommen, wird Tante Inge sie abholen. Heute Abend muss sie mit Johannes allein sein. „So viel ist passiert", denkt sie, „manchmal schreibt das Leben seltsame Geschichten." Langsam dreht sie sich um und schaut auf das Foto vom Rheinufer, das in ihrem Wohnzimmer hängt. „Wie soll ich es ihm nur sagen?"

1 **die Beichte** – Bericht darüber, dass man etwas Schlimmes gemacht hat, eigentlich ein Sakrament in der katholischen Kirche

2 **für jmdn. geht es nach oben / unten** – für jmdn. wird alles besser / schlechter

Johannes **streift** noch ziellos im **Medienhafen umher**[3]. Er kommt an den **Gehry-Bauten** mit ihrer **fließenden**[4], gewellten Fassade vorbei, am farbenfrohen **Colorium**. „Das ist meine Welt." Johannes erinnert sich an den Moment zurück, als er hier direkt nach dem Studium bei einer Agentur einen Job **ergatterte**[5]. „Nein", denkt er, „das *war* meine Welt." Und die verlässt er nun in Richtung Altstadt.

2001 erbautes Hochhaus im Medienhafen mit 17 Stockwerken

Petra hat sich heute freigenommen. An drei Tagen in der Woche arbeitet sie von zu Hause aus. Ziellos streift sie im Haus umher. „Das ist unsere Welt." Petra erinnert sich an den Moment zurück, als sie das Haus kauften und anschließend **von Grund auf**[6] nach ihren Vorstellungen renovierten. „Ja", denkt sie, „das ist unsere Welt." Und die verlässt sie nun in Richtung Altstadt.

Johannes **schlendert**[7] über die **Königsallee**, auch **Kö** genannt, die teuerste Einkaufsstraße Düsseldorfs. „Ob wir es uns in Zukunft noch leisten können, hier einzukaufen?“, fragt er sich. Sowohl er als auch Petra haben bisher gut verdient, nach seiner Kündigung ist das nun vorbei. An seinem letzten Arbeitstag in der Agentur ist er früher gegangen. Normalerweise kommt er erst zum Abendessen nach Hause. Und bis dahin hat er noch viel Zeit. Johannes denkt an die Zukunft, an den noch lange nicht **abbezahlten**[8] Kredit für ihr Haus, den schon gebuchten Sommerurlaub und den **Firmenwagen**[9], den er heute früh abgeben musste. „Wie soll ich es ihr nur sagen?“

„Wie soll ich es ihr nur sagen?“

Die **Königsallee** ist rund 1 Kilometer lang. In ihrer Mitte verläuft der Stadtgraben - ein Kanal, an dem viele hohe Bäumen wachsen.

3 **umherstreifen** - langsam und ohne Ziel gehen

4 **fließend** - (hier:) weich, nicht eckig

5 **ergattern** - etw. bekommen, das viele bekommen wollen, das es aber nicht in großer Menge / Zahl gibt

6 **von Grund auf** - komplett, vollständig

7 **schlendern** - langsam gehen, bummeln

8 **abbezahlen** - einen Kredit vollständig an die Bank zurückzahlen

9 **der Firmenwagen** - Auto, das einem Mitarbeiter/einer Mitarbeiterin von der Firma zur Verfügung gestellt wird

Auf dem Carlsplatz findet von Montag bis Samstag einen großer Wochenmarkt statt.

Petra ist mit dem Bus zur Altstadt gefahren. Sie möchte heute auf dem **Carlsplatz** etwas Besonderes zum Kochen kaufen. Sie weiß: Johannes kommt erst zum Abendessen nach Hause. Und bis dahin hat sie noch viel Zeit. Auf dem Weg zum Carlsplatz **kreuzt**[10] sie die Kö und läuft an ihrem Mann vorbei. Doch sie sieht ihn nicht. Und er sie auch nicht. Petra denkt an die Zukunft, an all das, was sie jetzt machen können und fängt schon an, **Pläne zu schmieden**[11]. „Wie soll ich es ihm nur sagen?"

Johannes **zieht es**[12] zur „**längsten Theke der Welt**[13]". Normalerweise mag er das typische Düsseldorfer **Altbier** nicht, aber heute möchte er eins trinken. Er geht ins **Uerige**[14] und schaut auf die Touristengruppen. „Hier war ich oft mit wichtigen Kunden der Agentur", denkt er. Die Erinnerung an die guten alten Zeiten macht ihn traurig.

Die **Königsallee** war ursprünglich als Wohnstraße geplant, gehört aber heute zu den teuersten Luxus-Einkaufsstraßen Europas.

das Altbier – eine dunkle, bittere Biersorte

eine Halterung, in die man eine Kerze stellt

Petra bereitet zu Hause alles vor, sucht die schönen **Kerzenständer**. Sie kocht nicht oft, aber gut, lobt Johannes seine Frau immer. „Und ich koche oft, aber nicht gut", ergänzt er dann immer **scherzhaft**[15]. Heute wird sie sein Lieblingsgericht zubereiten, einen **Sauerbraten mit Rotkraut und Kartoffelklößen**. „Den habe ich früher oft für Johannes gemacht", denkt sie. Die Erinnerung an die guten alten Zeiten macht sie fast ein bisschen traurig. Und wenn sie an die Zukunft denkt, sieht sie auch nur ein einziges schwarzes Loch. „Komisch, eigentlich sollte ich mich doch freuen."

Rinderbraten mit saurer Soße aus Essig

Johannes kommt nach Hause. Petra öffnet ihm die Tür und sagt: „Die Kinder sind bei Inge. Ich habe eine kleine Überraschung für dich." Johannes kommt ins Esszimmer, sieht die Kerzen und **schnuppert**: „Oh, Sauerbraten. Gibt es dafür einen bestimmten Grund?". Petra antwortet nur kurz: „Nach dem Essen, nach dem Essen." Johannes hat irgendwie keinen großen Hunger, aber er will Petra nicht enttäuschen. Nach der zweiten großen Portion macht er seiner Frau ein Riesenkompliment für ihre **Kochkünste**[16].

schnuppern
viel Luft durch die Nase einatmen, um festzustellen, wie etwas riecht; sagt man vor allem bei Hunden

10 **kreuzen** – überqueren
11 **Pläne schmieden (idiom.)** – Pläne für die Zukunft machen
12 **jmdn. zieht es zu / nach …** – jmd. hat Lust zu / nach … zu gehen
13 **die längste Theke der Welt** – Werbeslogan der Düsseldorfer Altstadt mit ihren vielen Kneipen
14 **Uerige** – Altbierkneipe in der Düsseldorfer Altstadt
15 **scherzhaft** – mit Humor
16 **die Kochkünste (Pl.)** – Talent, ein tolles Essen zu kochen

Wenn jemand im Lotto den Jackpot gewinnt, sagt man auch, dass der Jackpot **geknackt** wurde.

Danach ist es für eine Minute ruhig. Beide **suchen nach Worten**[17]. „Du, ich muss dir etwas sagen", fangen sie dann beide gleichzeitig an. Petra lächelt und fordert Johannes auf: „Du zuerst." Johannes spricht langsam und leise: „Petra, wie soll ich es dir nur sagen? Seit zwei Monaten weiß ich es jetzt schon ... Heute hatte ich meinen letzten Arbeitstag. Aber ich konnte dir von meiner Kündigung irgendwie nichts sagen. Ich glaube, ich habe **mich** einfach **geschämt**[18]. Es tut mir so leid!"

Johannes versteht nicht, warum Petra noch immer lächelt. Ist ihr Lächeln nicht sogar ein bisschen breiter geworden? Fast ist er ein bisschen sauer, als er fragt: Wolltest du mir nicht auch noch etwas sagen?"

„Gerne. Jo, wir haben im Lotto gewonnen!"

„Viel?"

„Sehr viel."

„Wie viel?"

„Genug für drei Leben oder fünf Familien. Das Geld ist schon auf unserem Konto. Sogar ein Mann von der Lottogesellschaft war hier. Und weißt du, was er mir am Ende gesagt hat? Er meinte, wir sollten unser Leben nicht sofort ändern, unsere Arbeit behalten und so ... Deswegen musste ich eben so lächeln. Komm her, lass dich umarmen!"

17 **nach Worten suchen** – nicht wissen, wie man etwas sagen soll

18 **sich schämen** – etw. ist jmdm. peinlich

32 DIE RETTUNG DES KAFFEEHAUSES

Ich musste nicht lange überlegen, bevor ich in meiner Heimatstadt Wien ein altes **Kaffeehaus** übernahm. Für mich war klar: Das wird ein echter **Selbstläufer**[1]! Also kaufte ich das Café **mitsamt**[2] der Einrichtung, stellte einen Kellner ein und freute mich auf meine ersten Gäste.

Café mit vielen Kaffeesorten, typischer Treffpunkt in Wien für Unterhaltungen und Spiele

Doch diese **blieben aus**[3]. Wenn mal einer kam, bestellte er nur einen **Kleinen Braunen** und saß danach drei weitere Stunden einfach da und las Zeitung. Einen Touristen hatte ich auch nach dem ersten Monat noch nicht gesehen. Das kam wahrscheinlich daher, dass unser Café nicht gerade in der Nähe der Hauptsehenswürdigkeiten lag. Wovon sollte ich aber Eugen, meinen treuen Kellner, bezahlen? Er war doch aus der Slowakei für sein Musikstudium nach Wien gekommen und brauchte das Geld noch dringender als ich!

„Unser Kaffeehaus hat noch keine **Seele**[4]", meinte Eugen manchmal, „deswegen kommt niemand."

der Kleine Braune

Wiener Kaffeespezialität: Mokka mit Milch, der üblicherweise mit einem Glas Wasser serviert wird

1 **der Selbstläufer** – ein Produkt oder eine Geschäftsidee, die ohne große Arbeit zum Erfolg wird

2 **mitsamt** – zusammen mit

3 **ausbleiben** – nicht kommen

4 **die Seele** – (hier:) die Atmosphäre, das Besondere

der Krempel (ugs.)
Sachen, Dinge, die nicht viel wert sind

durch starken Gebrauch (teilweise) kaputt

Eines Tages erhielt ich die Nachricht, dass ein entfernter Uronkel von mir gestorben sei und ich mich mal in seinem Keller umsehen könne. Der sei voll mit altem **Krempel**, den niemand sonst haben wolle, ich aber hätte doch jetzt ein Kaffeehaus und könne bestimmt das eine oder andere Möbelstück gebrauchen. So ging ich eines Abends hin, fand aber nichts Interessantes – nur jede Menge Staub, leere Flaschen und alte Kartons. Die Möbel, die dort in einer Ecke übereinander, nebeneinander und durcheinander standen, sahen alle reichlich **ramponiert** und **schäbig** aus. Kurz bevor ich ging, entdeckte ich noch einen länglichen Koffer. „Was da wohl drin ist?“, fragte ich mich.

durch starken Gebrauch nicht mehr schön / mit Flecken, Lackschäden usw.

Ich machte den Koffer auf und sah vier dicke Rohre aus Holz mit vielen kleinen Platten und Stangen aus Metall daran. „Sieht aus wie ein Instrument“, dachte ich mir, „aber das hat in einem Café ja nun gar nichts zu suchen.“ Wie sehr ich mich da irrte, zeigte sich ein paar Tage später.

Ich hatte meinem alten Freund Stephan von dem Keller erzählt. Der fand das Ganze höchst spannend, da er selbst mit Antiquitäten handelte. „Naja“, meinte ich, „wenn du willst, können wir gerne mal zusammen hinfahren. Aber ich kann mir kaum vorstellen, dass das alte Zeug etwas wert ist.“ So fuhr ich also nochmal mit Stephan zum Haus meines Onkels. Eugen **war** auch **mit von der Partie**[5], da die Sache mit dem Instrument ihn neugierig gemacht hatte.

Gustav Mahler - bekannter Komponist aus Wien, 1860-1911

Ich schloss auf und ließ die beiden in den Keller. Dann ging ich noch einmal schnell zurück zum Auto, weil ich mein Handy liegen gelassen hatte. Als ich zurückkam, **blieb** ich wie **angewurzelt** in der Tür **stehen**[6]. Was war denn hier los? Stephan saß einfach nur auf einem Stuhl und **starrte**[7] mit offenem Mund auf die Möbel. Eugen fuhr mit einem **Zipfel**[8] seines Pullovers ganz vorsichtig über eine alte **Schallplatte**. „Was ist denn mit euch passiert?“, fragte ich schließlich. Eugen zeigte auf die Schallplatte: „Das ist dein Uronkel. Er hat früher bei den **Wiener Philharmonikern**[9] gespielt. Willst du ihn mal hören?“ Ohne meine Antwort abzuwarten, legte er die Schallplatte auf den Teller eines alten **Plattenspielers** und setzte die Nadel auf die Platte. „Erste Sinfonie von **Mahler**, dritter Satz. Am Anfang spielt ein **Kontrabass**.“ Ich hörte eine irgendwie bekannte Melodie auf dem Kontrabass, dann kam ein anderes Instrument. „Das ist dein Uronkel und das ist sein Instrument - ein **Fagott**“, **flüsterte**[10] Eugen und zeigte auf den länglichen Koffer.

5 **mit von der Partie sein -** auch dabei sein

6 **wie angewurzelt stehen bleiben (idiom.) -** vor Verwunderung keinen Schritt mehr gehen können

7 **starren -** etw. oder jmdn. anschauen, ohne die Augen oder den Kopf zu bewegen

8 **der Zipfel -** Ecke von einem Stoffstück

9 **die Wiener Philharmoniker -** eines der besten Orchester der Welt

10 **flüstern -** etw. leise sagen

„Die Melodie kenne ich doch irgendwie. Was ist das noch mal?", fragte ich Eugen. Der antwortete sofort: „Bruder Jakob, nur in Moll."

Gustav Klimt
(1862-1918) war ein bekannter Maler und einer der bekanntesten Vertreter des Jugendstils. Eines seiner berühmtesten Werke ist **Der Kuss** (1909). Es hängt heute im Belvedere Museum Wien.

Inzwischen war Stephan aufgestanden. „Weißt du, dass das hier eine **Goldgrube**[11] ist? Wenn du alle diese Möbel verkaufst, bist du reich. Und wenn du stattdessen diese Möbel in dein Kaffeehaus stellst, bist du klug."

Ich war klug. Zusammen mit Stephan ging ich zu einem **Restaurateur**[12]. Es würde ganz schön viel kosten, die Möbel in Ordnung bringen zu lassen. Konnte ich mir das überhaupt leisten? Doch Stephan beruhigte mich: „Im Notfall verkaufst du die Möbel eben wieder."

Als die restaurierten Tische und Stühle kamen, räumten wir erst einmal gründlich auf. Der **Klimt** wurde abgehängt, stattdessen hing nun – neben ein paar alten Noten – das Fagott meines Onkels an der Wand. In der Ecke stand ein Klavier, das Eugen besorgt hatte. Sonntags gab es nun immer einen Musikabend unter dem Titel „**Ausklang**[13] mit Klavier und Fagott". Gespielt wurden die Stücke von Eugen und einer Freundin, die er von der Uni kannte. Über dem Eingang stand der neue Name „Café Fagott", neben die Eingangstür hatten sie ein Dirigentenpult gestellt, auf dem ein Gästebuch auf neue Einträge wartete. Damit hatte ich ein **Leitmotiv**[14] für mein Kaffeehaus gefunden.

Natürlich musste auch unsere Karte dazu passen. Eugen und ich hatten uns überlegt, alle unsere Kaffeespezialitäten nach musikalischen Tempobezeichnungen zu kategorisieren. Je langsamer, desto schwächer der Kaffee: Unter **Largo**[15] steht die **Wiener Melange**. Je schneller, desto stärker der Kaffee: Unter **Presto** steht der **Große Schwarze**[16].

Wiener Kaffeespezialität: Kaffee mit Zucker oder Honig und viel Milch

Und nun **konnten** wir uns **vor** Gästen **kaum retten**[17]. „Weißt du auch, warum?", fragte mich Eugen, als wir eines Abends, müde von der ganzen Arbeit, das Café aufräumten. „Unser Kaffeehaus hat nun eine Seele."

Heute ist Stephan vorbeigekommen und hat einen Reiseführer über Wien mitgebracht. Erst einmal hat er eine Melange bestellt, dann hat er uns ein paar Zeilen aus dem Kapitel ‚Geheimtipps' vorgelesen: „Ein besonders schönes Kaffeehaus ist das Café Fagott. Allein dafür lohnt sich ein **Abstecher**[18] in den 10. Bezirk."

11 **die Goldgrube –** (hier:) Projekt, mit dem man viel Geld verdienen kann

12 **der/die Restaurateur/-in –** Handwerker/-in, der/die alte Möbel repariert

13 **der Ausklang –** ruhiges, harmonisches Ende

14 **das Leitmotiv –** Melodie, die in einem Stück oft wiederholt wird, (hier:) verbindende Idee

15 **Largo / Presto –** musikalische Tempoangaben

16 **der Große Schwarze –** doppelter Mokka in großer Tasse

17 **sich kaum retten können vor etw. –** sehr viel von etw. haben

18 **der Abstecher –** kleiner Ausflug zu einem Ziel, das ein Stück von der eigentlichen Route entfernt ist

Wien ...

... liegt zwar nicht in Deutschland, ist aber nach Berlin die **zweitgrößte Stadt** im **deutschen Sprachraum**.

Jede/-r vierte Österreicher/-in lebt in Wien, das sind insgesamt über **2,5 Mio.** Menschen.

Wien belegt seit Jahren den **1. Platz der lebenswertesten Städte der Welt**. Dazu strömen jedes Jahr rund 5 Mio. Besucher/-innen in die Stadt, die zumindest für eine kurze Zeit am besonderen Flair der Metropole teilhaben möchten.

Das **Hundertwasserhaus** im 3. Bezirk ist ein Gebäude des sozialen Wohnungsbaus, das in den 1980er-Jahren vom österreichischen Künstler Friedensreich Hundertwasser erbaut wurde.

Ein Besuch lohnt sich auch auf dem **Naschmarkt**. Dort gibt es nicht etwa nur Süßigkeiten, sondern es handelt sich dabei um den größten Markt der Stadt.

Das **Riesenrad** des **Praters** gehört zu den Wahrzeichen der Stadt und wird jährlich von über 700.000 Menschen besucht. Es wurde 1897 in Betrieb genommen.

as **Burgtheater** ist eine der ältesten und bedeutendsten Bühnen in Europa.

5,2 Kilometer ist die Länge der Wiener **Ringstraße**, die rund um das historische Zentrum der Stadt führt. Dort liegen Sehenswürdigkeiten, wie das Burgtheater, die Wiener Staatsoper, das Parlament oder das Rathaus.

Die Wiener **Straßenbahn** fährt seit 1865. Damals noch mit Pferden, heute in einer elektrischen Variante. Auf manchen Linien sind noch die alten Wagen unterwegs, die allerdings nach und nach durch neuere Modelle ersetzt werden.

Wien bietet nicht nur Sehenswürdigkeiten, sondern auch jede Menge kulinarische Köstlichkeiten. Nicht entgehen lassen darf man sich einen **Wiener Apfelstrudel**!

Einer der berühmtesten Wiener war der Komponist ann Strauss (Sohn), der als **Walzerkönig** bekannt wurde. Er komponierte eine Oper und 15 Operetten.

33 DAS GIBT'S DOCH GAR NICHT!

Abbie konnte ihn einfach nicht vergessen. Vier Monate war es her, dass sie sich Berlin angeschaut hatte. An ihrem letzten Tag vor dem Rückflug in die USA war sie noch auf ein Konzert gegangen. Und dort hatte sie Michael getroffen.
Es spielte eine Band aus ihrer Heimatstadt New Orleans, doch **vom** Auftritt **bekam sie** gar **nichts mit**[1]. Von Anfang bis Ende sprach sie nur mit Michael. Sie **redeten** über alles und nichts, **über Gott und die Welt**[2] eben. Es war so, als ob sie sich schon **seit Ewigkeiten**[3] kennen würden. Da Abbie kein Deutsch kann, sprachen sie Englisch miteinander. Immer und immer wieder musste Michael ihr buchstabieren, aus welcher Stadt er war. Schließlich konnte sie den Städtenamen dann doch behalten: Michael kam aus Bielefeld, B-I-E-L-E-F-E-L-D.
Als das Konzert zu Ende war, gab es leider ein großes **Gedränge**[4], bei dem sie **sich aus den Augen verloren**[5]. Auch draußen vor dem Club konnte sie ihn nicht mehr finden.

Wie gewonnen, so zerronnen[6]: Michael war verschwunden und sie hatte weder seine Telefonnummer noch seine Mailadresse. Ob er sie wohl auch suchte?

Traurig flog sie am nächsten Tag zurück in die **Staaten**[7]. Sie würde ihn schon vergessen, dachte sie. Aber da irrte sie sich. Auch nach vier Monaten verging kein Tag, an dem sie nicht an ihn dachte: „Wie soll ich ihn nur finden?", fragte sie sich immer wieder.

Doch dann kam ihr eine Idee. Irgendwann **nahm** sie **all ihren Mut zusammen**[8] und drehte ein Video, in dem sie von ihrem Treffen berichtete. Und darüber, wie Michael aussah, woher er kam und was er beim Konzert trug. Am Ende hielt sie noch ihre Mailadresse in die Kamera. Dann veröffentlichte sie den Film auf YouTube. Unter das Video schrieb sie noch: „Hallo! Ich weiß, es klingt vielleicht komisch, ich bin ja auch ein bisschen **verwirrt**[9], aber bitte, bitte **teilt**[10] dieses Video und helft mir, Michael aus Bielefeld zu finden!" Dann wartete sie.

1 **nichts mitbekommen von etw. (ugs.)** - von etw. nichts hören oder sehen, weil man an etwas anderes denkt

2 **über Gott und die Welt reden (idiom.)** - über ganz unterschiedliche Themen sprechen

3 **seit Ewigkeiten** - seit sehr langer Zeit

4 **das Gedränge** - viele Menschen an einem Ort, Chaos

5 **sich aus den Augen verlieren (idiom.)** - getrennt werden und sich nicht mehr wiederfinden können

6 **Wie gewonnen, so zerronnen (idiom.)** - man bekommt etw. Schönes, verliert es aber sofort wieder

7 **die Staaten** - Kurzform für Vereinigte Staaten von Amerika, USA

8 **all seinen Mut zusammennehmen (idiom.)** - gegen seine Angst kämpfen und den Kampf schließlich gewinnen

9 **verwirrt** - durcheinander (im Kopf und in seinen Gefühlen)

10 **teilen** - (hier.) Inhalte im Internet verbreiten oder verlinken

Bielefeld - Die nordrhein-westfälische Stadt wurde schon im Mittelalter gegründet, nach der Zerstörung im Zweiten Weltkrieg aber im modernen Stil wieder aufgebaut. Heute hat die Stadt über 300.000 Einwohner/-innen und eine große Universität.

Es dauerte nicht lange, bis die ersten Reaktionen kamen. Abbie **fühlte sich geschmeichelt**[11], dass so viele schrieben: „Lass mich dein Michael sein." Oder: „Ich heiße zwar nicht Michael und komme auch nicht aus Bielefeld, aber du gefällst mir." Und sie staunte über die **Hilfsbereitschaft**[12], mit der das Video in allen sozialen Medien geteilt wurde. Sie **bekam eine** Mail **nach der anderen**[13] und sogar die deutschen Fernsehsender berichteten.

Doch es gab auch viele Kommentare, die sie verunsicherten:

„Bielefeld ist nur ein **Fake**[14]!"

„Bielefeld gibt's doch gar nicht."

„Hallo? Noch nie von Bielefake gehört?"

Hinzu kam, dass[15] sich zwar viele verliebte deutsche Jungen bei ihr meldeten, die **schworen**[16], Michael aus Bielefeld zu sein. Aber der richtige Michael, *ihr* Michael aus Bielefeld, war nach fünf Tagen immer noch nicht darunter. Abbie stellte in den Antwortmails immer dieselben drei Fragen: was Michaels Lieblingsessen war, wie Michaels Schwester hieß und über welchen Film sie sich auf dem Konzert unterhalten hatten. Und diese Fragen konnte ihr niemand richtig beantworten. Sollte Michael sie belogen haben? Vielleicht **war** er **in festen Händen**[17] oder er kam gar nicht aus Bielefeld? Vielleicht wollte er sie überhaupt nicht wiedersehen oder Bielefeld gab es wirklich nicht?

Nach acht Tagen erhielt sie eine Mail von einem Patrick. Im **Betreff**[18] seiner Mail stand nur: „Ich weiß, wo Michael ist." Längst bekam Abbie so viel Spam-Mails, dass sie nicht sagen

„Und wenn es die Stadt doch nicht gibt?"

konnte, warum sie gerade diese Mail öffnete. Jedenfalls wusste Patrick auf alle drei Fragen die richtigen Antworten. Er sei Michaels Freund und **Mitbewohner**[19], erklärte er. „Michael ist in den Bergen zum Wandern, so wie jedes Jahr", schrieb er weiter, „dabei verzichtet er immer für zwei Wochen aufs Internet und sein Smartphone. Er weiß also von nichts." Seine Mail endete mit den Worten: „Komm doch zu uns nach Bielefeld. Am nächsten Samstag ist Michael wieder zurück. Das wär' echt *die* Überraschung!"

Abbie überlegte nicht lange und kaufte ein Flugticket nach Frankfurt. In Frankfurt fuhr sie zum Bahnhof und verlangte eine Zugfahrkarte nach Bielefeld. Sie hatte richtig Angst, ihr Reiseziel anzugeben. Was, wenn es die Stadt wirklich nicht gab? Aber der Mann am Ticketschalter fand es offenbar gar nicht komisch, dass sie nach Bielefeld wollte. Trotzdem war sie erst so richtig beruhigt, als der Zug endlich in den Bielefelder Hauptbahnhof **einrollte**[20] und auf vielen Schildern **fett**[21] BIELEFELD stand.

11 **sich geschmeichelt fühlen -** sich über ein Kompliment freuen
12 **die Hilfsbereitschaft -** jmd. hilft gerne
13 **ein / eine ... nach dem / der anderen bekommen -** ganz viel von etw. bekommen
14 **der/das Fake -** eine Fälschung
15 **Hinzu kommt / kam, dass -** außerdem
16 **schwören -** behaupten, versichern
17 **in festen Händen sein (idiom.) -** eine/-n feste/-n Partner/-in haben
18 **der Betreff -** Zeile einer E-Mail, in der das Thema angegeben wird, direkt unter der Adresse des Empfängers/der Empfängerin
19 **der/die Mitbewohner/-in -** eine Person, mit der man eine Wohnung teilt, um Geld zu sparen (typische Wohnform bei Studenten/Studentinnen)
20 **einrollen -** ankommen
21 **fett -** (hier:) in großen Buchstaben

Auf dem Bahnsteig wartete Patrick schon auf sie, so wie verabredet. „Morgen früh kommt er zurück. Du kannst in seinem Zimmer schlafen. Ich bin mir sicher, er wird sich freuen", sagte Patrick zu Abbie auf dem Weg in die Wohnung. Endlich konnte Abbie auch die Frage stellen, die ihr schon die ganze Zeit im Kopf herumging: „Sag mal, Patrick, kannst du mir erklären, warum so viele Leute schreiben, dass es Bielefeld gar nicht gibt?"

„Oh, das ist eine komplizierte Geschichte. Irgendwann in den 1990er-Jahren erfanden ein paar Informatiker auf einer Studentenparty die sogenannte Bielefeldverschwörung als Satire auf **Verschwörungstheorien**[22]. Anschließend **verbreiteten** sie im Internet **die Behauptung**[23], dass es die Stadt gar nicht gäbe. Das ist wie bei den Leuten, die sagen, dass noch kein Mensch auf dem Mond war, nur eben als Witz, nicht ernst gemeint."

Am Samstagmorgen saßen Patrick und Abbie bei einer Tasse Kaffee am Frühstückstisch, als sie den Schlüssel im Schloss hörten. Patrick ging schnell in sein Zimmer und plötzlich stand Michael in der Küche, freute sich, suchte nach Worten und konnte dann doch nur **stammeln**[24]: „Was – machst du denn hier – in Bielefeld? **Das – gibt's doch gar nicht!**"

„Das gibt's doch gar nicht", sagt man nicht nur, um auszudrücken, dass es etwas nicht gibt, sondern auch, wenn man wirklich überrascht ist.

22 **die Verschwörungstheorie** – Versuch, ein Ereignis nicht durch Fakten zu erklären, sondern bestimmte Personen dafür verantwortlich zu machen.

23 **eine Behauptung verbreiten** – etw. behaupten und dafür sorgen, dass viele von dieser Aussage hören oder lesen

24 **stammeln** – vor Aufregung (oder Angst) nicht flüssig und mit Pausen sprechen

34 DER GEIST[1] VON BURG ELTZ

Till war mal wieder auf der Suche nach einem neuen Job. Er **blätterte**[2] eher lustlos in den Stellenanzeigen. Doch dann entdeckte er plötzlich ein Angebot, das interessant klang:

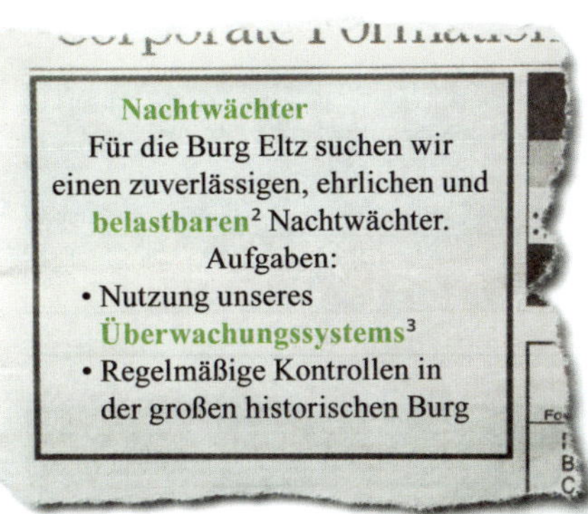

Nachtwächter
Für die Burg Eltz suchen wir einen zuverlässigen, ehrlichen und **belastbaren**[2] Nachtwächter.
Aufgaben:
- Nutzung unseres **Überwachungssystems**[3]
- Regelmäßige Kontrollen in der großen historischen Burg

„Das wär' doch was", dachte Till. Zwar war die Burg eine halbe Autostunde von seinem Wohnort Koblenz entfernt, aber dafür hörte sich das nach einem wenig anstrengenden Job an. Was sollte schon in dieser alten Burg passieren? Außerdem war Till sowieso ein **Nachtmensch**[6]. Er wählte die Nummer und erkundigte sich, ob die Stelle schon besetzt sei. Das war sie nicht. Also überarbeitete

1 **der Geist** – Fantasiewesen, das meist nachts zwischen 0:00 und 1:00 Uhr unterwegs ist und den Menschen Angst macht

2 **blättern** – Seiten einer Zeitung oder eines Buches umschlagen

3 **der Nachtwächter** – Person, die nachts ein Gebäude kontrolliert

4 **belastbar** – jmd. kann viel oder lange arbeiten und viel Stress aushalten

5 **das Überwachungssystem** – System zur Kontrolle von Orten mit Videokameras und Computern

6 **der Nachtmensch** – Person, die gerne nachts arbeitet, lernt oder wach ist

die Burg Eltz
alte Ritterburg aus d[illegible]
frühen 12. Jahrhun[illegible]

Till kurz seinen Lebenslauf und schickte ihn ab.

„Und was gibt's Neues?", fragte Tills alter Freund Martin, als er diesen zufällig in der Fußgängerzone traf. „Och, nichts eigentlich. Aber ich habe jetzt einen neuen Job. Als Nachtwächter auf der **Burg Eltz**", antwortete Till. – „Na, dann pass gut auf dich auf – **Hui Buh**[7] und so", meinte Martin und lachte.

Die Burg kannte Till noch aus Grundschultagen. In der vierten Klasse waren sie einmal an einem **Wandertag**[8] dorthin gegangen. Er erinnerte sich genau, wie der Burgführer ihnen einen **500-DM-Schein** gezeigt hatte, auf dem die Burg zu sehen war. So viel Geld! Und dann fielen ihm noch die Zwillingsschwestern Tina und Tanja ein. Die beiden waren so verschieden gewesen! Tanja hatte immer Prinzessin gespielt. Tina hingegen war immer mit den Jungen zusammen gewesen. Auf dem Wandertag damals hatte er sich mit ihr und seinen Freunden ganz genau den **Rittersaal**[9] mit den vielen **Rüstungen** angesehen. Till lächelte.

Wie besprochen kam Till an seinem ersten Arbeitstag schon nachmittags zur Burg. Sein neuer Chef empfing ihn und führte ihn einmal durch alle Säle und Stockwerke. Den Rittersaal

DM steht für Deutsc[illegible] Mark. So hieß vor den Euro die Währung in Deutschland

die Rüstung
Kleidung aus Eisen eines königlichen Soldaten im Mittelalter

erkannte Till sofort wieder. Ganz besonders gefielen ihm aber der Untersaal mit dem dunklen Holz und den Wandteppichen und das Schreibzimmer mit den bunten Wandmalereien und Glasfenstern. Till fiel auf, dass überall Handwerker herumliefen. „Was machen die denn hier?“, wunderte er sich. „Ach, so eine Burg muss immer **in Schuss gehalten**[10] werden. Also nichts Besonderes“, war die Antwort. „Sie haben hier als Nachtwächter übrigens einen leichten Job. In den letzten Jahren ist nie etwas passiert.“

Dann kam Tills erste Nacht als Nachtwächter. Zunächst war alles ruhig. Till schaute auf die Bildschirme der Überwachungskameras und machte seine **Kontrollgänge**[11]. Zwischendurch hörte er Musik, las etwas oder surfte im Internet. „Und dafür werde ich auch noch bezahlt“, dachte er sich. „Nicht schlecht.“ Doch dann hörte er ein **Pfeifen**[12]. „Was ist das?“, fragte er sich. Beim nächsten Rundgang **blitzte** im Gang zur Waffenkammer etwas **auf**[13]. Es sah so aus, als ob jemand davonrennen würde. Dann **knarrte**[14] eine der schweren Türen im Stockwerk darüber. „Ist da jemand?“, rief Till.

In der nächsten Nacht ging es genauso. Zuerst das langgezogene Pfeifen, dann das seltsame Blitzen und schließlich die knarrende Tür. Eigentlich war Till ein sehr rationaler Mensch, der immer für alles eine vernünftige Erklärung fand. Aber diese

7 **Hui Buh** – Hörspielreihe und Film über einen Geist in einem Schloss

8 **der Wandertag** – Tag, an dem eine Schulklasse einen Ausflug macht

9 **der Rittersaal** – Kompositum aus: der Ritter (Soldat eines Königs) und der Saal (großes Zimmer)

10 **etw. in Schuss halten (idiom.)** – etw. pflegen, in Ordnung halten

11 **der Kontrollgang** – Spaziergang in einem Gebäude, um zu garantieren, dass niemand ohne Erlaubnis hereinkommt

12 **das Pfeifen** – Geräusch, dass durch Wind entsteht

13 **aufblitzen** – etw. Helles oder Farbiges ist für einen Augenblick zu sehen

14 **knarren** – Geräusch, das große Gegenstände aus Holz machen, wenn das Holz arbeitet oder bewegt wird

Geräusche brachten ihn ganz durcheinander. Irgendwie waren sie schon ein bisschen **furchteinflößend**[15]. Sollte das wirklich ein Schloss**gespenst** sein?

In der dritten Nacht war Till bestens vorbereitet. Sobald die Geräusche wieder zu hören waren, nahm er sie mit der Kamera seines Smartphones auf. Als es um 3 Uhr morgens ruhig wurde, spielte er die Geräusche erneut ab. Es klang wie in einem Horrorfilm. Till bekam eine **Gänsehaut**. Die Videos lud er in verschiedenen sozialen Medien hoch und versah sie mit den **Schlagwörtern**[16]: #burg #eltz #gespenst #geist #horror #**spuk**[17].

In der nächsten Woche gingen die Videos um die ganze Welt und die Burg erlebte einen Touristen**ansturm**[18] wie nie zuvor. Jeder wollte die Spukburg sehen. Doch Till bekam davon relativ wenig mit. Nachts war er immer noch allein. Oder doch zu zweit mit dem Geist? Er hatte sich schon überlegt, ob auch nachts Neugierige kommen würden. Doch die **trauten sich** wohl **nicht**[19]. Aber das Pfeifen, das Blitzen und die knarrende Tür blieben. Till drehte immer neue Videos, die er wieder online stellte. Und diese **lockten** immer mehr Besucher **an**[20]. Doch nach weiteren zwei Wochen war der Spuk plötzlich vorbei. Eines Nachts blieb alles ruhig. Till wartete **vergeblich**[21] auf das Pfeifen, das Blitzen und das Knarren. Was war geschehen? Till machte seinen Kontrollgang, hörte und sah aber nichts. „Vielleicht haben auch Gespenster freie Tage oder Urlaub", dachte Till. Er sah aus dem Fenster nach unten. Dort stand noch der **Anhänger**[22] der Handwerker. Die Handwerker waren fertig und hatten ihr ganzes Werkzeug schon aufgeladen. Jetzt musste der Anhänger nur noch abgeholt werden. „Die Handwerker!", rief Till. Das war es!

Schnell lief er zum Gang bei der Waffenkammer. Vor wenigen Stunden erst war hier geputzt worden. Vielleicht war es nichts weiter als eine Glasscherbe gewesen, die hier jede Nacht im Mondlicht geblitzt hatte? Und die Geräusche? Er ging zum Obersaal und in die oberen Stockwerke und sah, dass die Handwerker neue Fenster eingesetzt hatten. Daher also war das Pfeifen und Knarren gekommen, vom **Durchzug**[23]! Der Wind war durch die Räume gefegt und hatte die Türen bewegt.

Ein paar Minuten lang überlegte Till, ob er bekannt machen sollte, was er gerade entdeckt hatte. Doch dann entschied er sich dagegen. Warum sollte er den Touristen **den Spaß verderben**[24]?

15 **furchteinflößend** – etw. macht jmdm. Angst

16 **das Schlagwort** – Wort zum Suchen, Hashtag

17 **der Spuk** – Anwesenheit eines Geistes

18 **der Ansturm** – große Besucherzahlen

19 **sich nicht trauen** – Angst haben

20 **anlocken** – interessieren; jmdn. dazu bringen, dass er kommt

21 **vergeblich** – ohne Erfolg

22 **der Anhänger** – Transportkiste auf zwei Rädern, die man hinten an einem Auto befestigen kann

23 **der Durchzug** – Wind in einem Gebäude, wenn z. B. zwei Fenster offen sind

24 **den Spaß verderben** – die Freude an etw. zerstören

35 DAS GEHEIMNIS DER WEINKÖNIGIN

Sarah war schrecklich nervös. Ihre Freundin hatte die Noten vor sich auf den Boden gelegt und fing an, die bekannte Melodie auf ihrer Gitarre zu spielen. Sarah öffnete den Mund, **holte Luft**[1] und begann zu singen:

„Ich weiß nicht was soll es bedeuten, Dass ich so traurig bin;
Ein Märchen aus **uralten**[2] Zeiten,
Das **kommt** mir **nicht aus dem Sinn**[3]."

Als das **Lied von der Loreley**[4] zu Ende war, **herrschte** einen Moment **Totenstille**[5] im **Kloster Eberbach**. Manche Gäste **verdrückten** noch **ein paar Tränen**[6]. Dann setzte der Applaus ein, erst noch ein bisschen schüchtern und leise, dann immer begeisterter und lauter. Die Rheingauer **Weinkönigin**[7] war gewählt.

Keine Frage, Sassi, wie Sarah auch genannt wurde, war die ideale Kandidatin. Ihr Wissen über Wein hatte sie sozusagen **mit der Muttermilch aufgesogen**[8]: Ihre Eltern haben einen kleinen **Weinberg** und eine gut besuchte

Lokal, in dem eigener Wein und einfache Speisen verkauft werden, typisch für den Rheingau

der Handkäs mit Musik - Käse mit Öl, Essig und Zwiebeln, hessische Spezialität

er Spundekäs - rischkäse mit feffer, Salz nd Paprika, pezialität im heingau und in heinhessen

Straußwirtschaft in Eltville. Bekannt ist das Lokal nicht nur für die guten Weißweine, sondern auch für den laut Gästen und Restaurantkritikern besten **Handkäs mit Musik** im ganzen Rheingau. Nicht zu vergessen der **Spundekäs**, der nicht von dieser Welt zu sein scheint. Als **Rausschmeißer**[9] erklingt spätabends immer das Lied von der Loreley in der Version von Mireille Mathieu. Und genau an dieser Interpretation hatte sich Sassi bei ihrem Auftritt orientiert.

So stand sie nun als frisch gewählte Weinkönigin auf der Bühne. Ihre langen blonden Haare, ihr **unnahbares**[10] Gesicht und ihre träumerische

Südseite eines Bergs, auf der Wein angebaut wird, typisch für den Rheingau

1 **Luft holen** - einatmen

2 **uralt** - sehr alt

3 **nicht aus dem Sinn kommen (idiom.)** - nicht vergessen können

4 **Lied von der Loreley** - deutsches Gedicht von Heinrich Heine über eine deutsche Legende, zu dem der Komponist Friedrich Silcher die Musik geschrieben hat

5 **es herrschte Totenstille** - es war vollkommen leise, nichts war zu hören

6 **ein paar Tränen verdrücken (idiom.)** - ein bisschen weinen, es soll aber keiner sehen

7 **die Weinkönigin** - gewählte Repräsentantin eines deutschen Weinbaugebiets

8 **mit der Muttermilch aufsaugen (idiom.)** - schon als kleines Kind lernen

9 **der Rausschmeißer (ugs.)** - letztes Lied, bevor ein Lokal am Abend oder in der Nacht schließt

10 **unnahbar** - distanziert

Die Loreley ist ein Felsen, der in einer Kurve des Rheins liegt. Er gehört zum UNESCO-Welterbe und wird jedes Jahr von vielen Tausend Menschen besucht

Stimme passten perfekt zu ihrer neuen Rolle. Doch da gab es noch etwas - etwas, was den Zuhörern vielleicht nicht so gut gefallen hätte. Glücklicherweise wusste niemand von diesem Geheimnis der Weinkönigin. Und Sassi würde **alles daran setzen, dass**[11] das auch so blieb.

Sassis erste Veranstaltung als Weinkönigin war eine internationale Weinmesse in Frankreich. Journalisten, Weinkenner und Weinliebhaber aus der ganzen Welt **tummelten sich**[12] an den Ständen. Und Sassi war mittendrin. Eine bessere Reklame für den Rheingauer Wein konnte man sich gar nicht vorstellen. Auch hier sang Sassi wieder das Lied von der **Loreley**:

„Die Luft ist kühl und es dunkelt,
Und ruhig fließt der Rhein;
Der Gipfel des Berges **funkelt**[13]
Im Abendsonnenschein."

Als sie danach für ein paar Tage nach Eltville kam, **vertraute** sie das Geheimnis ihrer besten Freundin **an**[14]. Andrea schaute ganz **entgeistert**[15] und sagte nur: „Das musst du aber **für dich behalten**[16]!"

Und das tat sie. Sie brachte alle Veranstaltungen hinter sich, reiste durch den Rheingau, Deutschland und die ganze Welt. Es war ein aufregendes und **erlebnisreiches**[17] Jahr. Sie lernte interessante Menschen kennen, übernachtete in teuren Hotels und stand oft im Mittelpunkt. Ein Leben wie aus dem Märchen, Sassi fühlte sich wirklich wie eine Königin.

Heute war nun ihr letzter Auftritt, diesmal im Fernsehen. Und sie sang ein letztes Mal ihr Lieblingslied:

„Die schönste Jungfrau **sitzet**[18]
Dort oben wunderbar;
Ihr goldnes **Geschmeide**[19] **blitzet**[20],
Sie kämmt ihr goldenes Haar."

Als sie nach Eltville zurückkehrte, wartete noch ein Interviewtermin für eine Lokalzeitung auf sie. Zunächst stellten die Journalisten nur einfache Fragen. Das Gespräch **plätscherte dahin**[21], Sassi kam ins Erzählen. Und schließlich, sie wusste selbst nicht warum, verriet sie den Journalisten ihr Geheimnis, das sie ein ganzes Jahr lang so gut **gehütet**[22] hatte:

„Gab es etwas, das dir schwer gefallen ist?"

„Ja. Mein Geheimnis für mich zu behalten."

„Und was ist dein Geheimnis?"

„Ich ... ich mag gar keinen Wein."

Kaum war es heraus[23], **biss sich** Sassi **auf die Zunge**[24]. Sie bat die Journalisten, nichts davon zu schreiben. Schließlich hatte sie noch viel vor. Nach ihrem Jahr als Rheingauer Weinkönigin wollte sie sich um die Weinkrone Deutschlands bemühen. Auch bei dieser Wahl würde sie wieder singen. Und niemandem ihr kleines Geheimnis verraten.

11 **alles daran setzen, dass** – alles dafür tun, damit

12 **sich tummeln** – sehr viele Menschen sind an einem Ort mit etwas beschäftigt

13 **funkeln** – blitzen, leuchten

14 **anvertrauen** – etw. Wichtiges oder Intimes sagen

15 **entgeistert** – schockiert

16 **für sich behalten** – nichts sagen, niemandem verraten

17 **erlebnisreich** – voller interessanter Erlebnisse

18 **sitzet** – poetische Langform von ‚sitzt'

19 **das Geschmeide** – altes Wort für Schmuck, (hier:) Haare

20 **blitzet** – poetische Langform von ‚blitzt', (zu:) blitzen – leuchten, glänzen

21 **dahinplätschern** – ohne schwierige Fragen verlaufen

22 **(ein Geheimnis) hüten** – nicht verraten

23 **kaum war es heraus** – kaum hatte sie das gesagt

24 **sich auf die Zunge beißen (idiom.)** – man sagt etw., aber sofort danach tut es einem leid

36 EINE ARBEITSREICHE NACHT

Kennt ihr diese Ratschläge für Vorstellungsgespräche, die man im Internet findet? **Darauf** würde ich an eurer Stelle besser nichts **geben**[1]. Ich habe diese Tipps befolgt und deswegen habe ich jetzt ein Problem.

Im Internet stand, dass man **sich** nicht **unter Wert verkaufen**[2] sollte. Ein bisschen dürfe man schon **schummeln**[3], also im Lebenslauf schreiben oder beim Vorstellungsgespräch sagen, dass man etwas kann, was man nicht oder zumindest nicht besonders gut kann. Als ich beim Vorstellungsgespräch in der Webdesign-Agentur saß, konnte ich **glaubhaft versichern**[4], dass ich unheimlich gut Webseiten bauen kann. Mein Portfolio sah auch wirklich super aus. Geschummelt hatte ich allerdings bei der Frage, wie schnell ich arbeite. Ich zähle nämlich eher zu den langsamen Webdesignerinnen.

Was soll ich sagen? Ich bekam die Stelle und in den ersten Wochen lief auch alles gut. Die Projekte waren einfach, die Kunden **pflegeleicht**[5] und ich hatte genügend Zeit. So konnte ich mich auf Kleinigkeiten konzentrieren und aus den Seiten das Beste **herauskitzeln**[6]. Die Kunden waren zufrieden, meine Chefs waren es und ich war es auch. Doch dann kam der Auftrag mit dem Spreewald.

Der Zeitplan war selbst für schnelle Webdesigner sehr eng, für mich also eigentlich nicht zu schaffen. Meine Chefs waren da aber ganz anderer Meinung. Bis dahin hatte ich schließlich hervorragende Arbeit geleistet und beim Vorstellungsgespräch hatte ich ja auch betont, dass ich schnell arbeite.

So komme ich müde und besorgt nach Hause. Im Treppenhaus sehe ich die Nachbarstochter Lina. Sie tut mal mal wieder so, als würde sie mich nicht sehen, und grüßt nicht. Ute, meine **alleinerziehende**[7] Nachbarin, hat es wohl nicht leicht mit ihr. Einmal hat sie **mir ihr Herz ausgeschüttet**[8]. Sie hat erzählt, wie Lina nach der Scheidung immer **verschlossener**[9] wurde. Dass sie in der Schule eine **Außenseiterin**[10] ist und kaum spricht. So ist es auch heute.

Als ich meine Wohnungstür aufschließe, spricht mich Ute von hinten an. „Andrea? Meine Mutter ist gefallen und liegt im Krankenhaus. Ich muss sofort zu ihr, alles muss ganz schnell gehen. Kann ich Lina heute Nacht bei dir lassen? Bitte, sonst hat keiner Zeit!" Wie hätte ich Ute diese **Bitte abschlagen**[11] können? Natürlich sage ich Ja. „Ich bringe dir Lina dann in zwei Stunden vorbei." Ich lächle Ute an und denke innerlich: **Das hat mir gerade noch gefehlt!**[12]. Damit kann ich meinen Arbeitstag wohl vergessen. Eigentlich wollte ich heute noch acht Stunden an der Webseite sitzen. Stattdessen

1 **nichts auf etwas geben** – etw. nicht glauben, sich nicht auf etw. verlassen

2 **sich unter Wert verkaufen (idiom.)** – sich schlechter präsentieren, als man ist

3 **schummeln** – ein bisschen lügen oder betrügen

4 **glaubhaft versichern** – mit solcher Überzeugung sagen, dass der andere einem glaubt

5 **pflegeleicht** – etw. oder jmd. macht keine Probleme oder Schwierigkeiten

6 **herauskitzeln** – durch seine Arbeit das Beste herausholen

7 **alleinerziehend** – mit seinem Kind oder seinen Kindern allein, also ohne Partner/-in leben

8 **jmdm. sein Herz ausschütten (idiom.)** – jmdm. all seine Sorgen erzählen

9 **verschlossen** – jmd. der nicht viel über sich erzählt und keine Gefühle zeigt

10 **der/die Außenseiter/-in** – eine Person hat kaum Freunde, gehört zu keiner Clique oder Gruppe dazu

11 **eine Bitte abschlagen** – Nein sagen, sich weigern zu helfen

12 **Das hat mir gerade noch gefehlt! (idiom.)** – Ich habe ohnehin schon viele Probleme, da brauche ich dieses nicht auch noch.

muss ich die Kleine **bespaßen**[13]. Ich denke daran, dass die Webseite ja schon morgen fertig sein muss und setze mich sofort an den Computer. Zwei Stunden habe ich noch! Fotos und Texte sind auch schon fertig, ich muss also nur noch die Seite bauen. Aber **was heißt hier**[14] ‚nur noch'! Die Liste mit den Kundenwünschen ist lang. Und dann gibt es da noch ein ganz anderes Problem: Die Texte sind so gut, dass ich sie einfach alle lesen muss. Auch die Fotos sind so schön, dass ich anfange zu träumen.

Niemals hätte ich gedacht, dass der Spreewald so schön ist. Ein Stück Deutschland, das mir bisher noch ganz unbekannt war. Verträumt, **urwüchsig**, wie in einem Märchen, so sieht der Spreewald aus. Die Fotos zeigen **Kahnfahrten** und **Paddeltouren**, Feste in traditionellen **Trachten** und Holzhäuser. Und immer wieder die Spree, wie sie sich durch die Landschaft **schlängelt**. Keine Frage, ich bin **auf den Geschmack gekommen**[15] und werde meinen nächsten Urlaub im Spreewald verbringen.

Dann klingelt es an der Tür. Ute! Und Lina ... Ich bin kaum weiter gekommen, sondern habe die zwei Stunden verträumt und **vertrödelt**[16]. Ute schiebt ihre Tochter durch die Türe und meint nur. „**Du hast was gut bei mir**[17]! Morgen bin ich wieder da."

Lina sagt nichts, sondern bleibt einfach nur stumm an der Tür stehen. „Nun, komm schon!", denke ich mir. Laut frage ich: „Hast du Lust auf Pfannkuchen? Ich kenne da ein tolles Rezept." Sie nickt, sieht mich dabei aber gar nicht an, sondern schaut nur auf den Bildschirm meines Laptops. Plötzlich **kommt Leben in sie**[18]. „Was machst du denn da?", fragt sie neugierig. „Ich habe zu tun", antworte ich nur und bin überrascht, dass Lina weiterfragt: „Und was?" Naja, warum soll ich ihr nicht sagen, was es ist: „Ein Webseitenprojekt, über den Spreewald", sage ich. „Aber jetzt mache ich uns die Pfannkuchen. Kann ich dich einen Moment allein lassen?" Lina nickt wieder. Immer noch schaut sie nur auf den Bildschirm. Als ich die Pfannkuchen an den Esstisch bringe, sitzt Lina noch immer am Laptop. Doch jetzt dreht

13 **bespaßen (ugs.) -** sich so um jmdn. kümmern, dass ihm/ihr nicht langweilig ist

14 **Was heißt hier ...! -** ist nicht der richtige Ausdruck, falsch gesagt

15 **auf den Geschmack kommen -** Interesse an etw. entwickeln, etw. gefällt einem

16 **vertrödeln (ugs.) -** nichts Sinnvolles oder Bestimmtes machen und dadurch Zeit verlieren

17 **etw. gut haben bei jmdm. (idiom.) -** jmd. hat einem sehr geholfen. Deswegen ist man dankbar und möchte der Person auch helfen.

18 **in jmdn. kommt Leben -** jmd. ist plötzlich nicht mehr apathisch, sondern zeigt Interesse.

sie sich um und schaut mich zum ersten Mal direkt an. Irgendwie guckt sie so **schuldbewusst**[19]. Ich stelle die Teller ab, gehe zu Lina und **werfe einen Blick**[20] auf den Bildschirm. Was ist denn hier passiert? Die Seite sieht ja ganz anders aus. Hat die Kleine da etwa **herumgepfuscht**[21]? Ich **schlucke meinen Ärger hinunter**[22] und schicke Lina zum Esstisch. „Fang du schon mal an, ich komme gleich."

Ich bin sauer. Was fällt dem Mädchen überhaupt ein? Einfach so an meinen Computer zu gehen! Doch dann sehe ich genauer hin. Das, was Lina an der Webseite gemacht hat, sieht fantastisch aus. Offenbar ist sie nicht nur technisch fit, sondern hat auch einen Blick für Ästhetik. Und das mit zehn Jahren! Nachdenklich sehe ich Lina an. Dann setze ich mich zu ihr an den Tisch und frage:

„Du weißt, dass du das nicht hättest machen sollen?"

„Ja."

„Und du weißt, dass du das gut kannst?"

„Vielleicht. Ich weiß nicht."

„Woher weißt du, wie man Webseiten baut?"

„Wir hatten so ein Projekt an der Schule. Und dann habe ich alleine weitergemacht. Bitte, sei nicht sauer."

„Schon gut."

„Wirklich?"

„Ja, aber zeig mir mal, wie du das machst."

Sie geht an den Laptop, klickt mal hier

verschieben
mit der Maus darauf klicken und an eine andere Stelle ziehen

und **verschiebt** mal da etwas. Wie schnell und einfach das bei ihr alles geht. „Macht dir das Spaß?", frage ich. Sie nickt und ich überlege kurz. Sie scheint **aufzutauen**[23] und es sieht wirklich so aus, als ob ihr meine Arbeit Spaß machen würde. Was, wenn sie mir helfen würde? Ich schaue sie an: „Ich habe da eine Idee ..."
Am Ende bleiben wir die halbe Nacht wach, auch wenn Lina längst im Bett sein müsste. Als ich mir schließlich die fertige Seite anschaue, ist Lina auf dem Sofa eingeschlafen.
Ich klicke ein letztes Mal durch Webseite. So ist sie einfach perfekt!
Am nächsten Morgen steht Ute an der Tür und fragt mich: „War sie **brav**[24]? Und ist sie auch früh zu Bett gegangen?" Ute sieht müde aus, so wie ich wahrscheinlich. „Brav war sie", antworte ich nur, „und wir haben sogar ziemlich viel geredet." Ihre zweite Frage beantworte ich lieber nicht. „Wirklich? Du hast was gut bei mir", meint Ute noch einmal. „Nein, Lina hat was gut bei mir", antworte ich „Wie wäre es, wenn wir demnächst mal zu dritt verreisen – in den Spreewald vielleicht?"

19 **schuldbewusst** – man hat etw. Schlechtes gemacht und fühlt sich schuldig
20 **einen Blick werfen** – sehen, schauen
21 **herumpfuschen** – schlecht arbeiten oder die Arbeit von jmd. anderem kaputt machen
22 **seinen Ärger hinunterschlucken (idiom.)** – sauer sein, aber nichts sagen
23 **auftauen (ugs.)** – (hier:) weniger schüchtern werden
24 **brav** – ruhig und lieb, sagt man vor allem von (kleinen) Kindern

Der **Spreewald ...**

... ist eines der bekanntesten Reiseziele im Bundesland **Brandenburg.**

Die **Post** wird im Spreewald vom Frühling bis in den Herbst hinein mit einem Postkahn zugestellt – und zwar schon seit über 110 Jahren!

Das Gebiet des Spreewaldes ist rund **500 km²** groß. In ihm gibt es viele kleine und größere, natürliche und künstliche Kanäle des Flusses **Spree.** Daher der Name Spreewald.

der Postkahn
flaches Boot, mit dem die Post befördert wird

Diese Art der Postzustellung ist in Deutschland einmalig. Gleichzeitig ist der Postkahn die kleinste Postbank-Filiale Deutschlands!

Geprägt wurde die Landschaft des Spreewaldes auch durch das slawische Volk der **Sorben**, die in dieser Gegend leben. Die Sorben sind in Deutschland als nationale Minderheit anerkannt, haben eine eigene Sprache (Sorbisch) und eine eigene Flagge.

Auf den vielen Kanälen des Spreewaldes sind Motorboote verboten. Daher werden Kähne mit einer Stange durchs Wasser geschoben. Erlaubt sind außerdem Kanus und Kajaks.

Berühmt sind die **Spreewälder Gurken**. Dabei handelt es sich um eingelegte Gurken, die durch Kräuter und Gewürze ihren besonderen Geschmack erhalten.

einlegen
Lebensmittel in eine spezielle Flüssigkeit legen, um sie haltbar zu machen und ihnen einen bestimmten Geschmack zu geben.

37 EIN GANZ BESONDERER KUSS

Robin ist schon voller **Vorfreude**[1] auf den großen Tag. Noch zehn Tage, dann findet die **Verleihung**[2] der Doktortitel statt. Und dann kann er endlich seine Elisabeth küssen.

Die letzten Jahre waren aufregend und **lehrreich**[3]. In **Göttingen** hat Robin zuerst Soziologie studiert und dann seine Dissertation begonnen. Nun ist die Arbeit fertig, er muss sie nur noch **verteidigen**[4]. Ein bisschen stolz ist er schon, vor allem aber ist er froh, dass er das alles geschafft hat.

Seine Doktorarbeit trägt den Titel „**Wo die Liebe hinfällt**[5] - Soziologische Studie über Romantik und **Zweisamkeit**[6]". Nur er selbst hat die Liebe noch nicht gefunden. Klar, ein paar kürzere Beziehungen hatte er schon, aber nichts Ernstes eben. Jedenfalls noch nicht die große Liebe. Traurig denkt er an den letzten Sommerurlaub, als seine **Kommilitonen**[7] alle etwas mit ihren Freundinnen unternommen haben. Und er erinnert sich an den letzten Besuch bei seiner Oma. Voller Stolz hat er ihr da von seiner fast fertigen Doktorarbeit erzählt, doch seine Oma war gar nicht **beeindruckt**[8]. „Eine Frau an deiner Seite ist wichtiger als ein Doktor vor deinem Namen", sagte sie nur, um dann

Göttingen ist eine Universitätsstadt im Bundesland Niedersachsen. Dort leben 120.000 Menschen; mehr als 30.000 sind Studenten/Studentinnen.

Der **Doktorhut** ist eine schwarze Kappe, mit einem flachen Viereck und einer Quaste. Ein/-e Doktorand/-in erhält ihn nach Abschluss der Promotion als Zeichen der Doktorwürde. Er wird meistens vom Rektor der Universität überreicht.

gleich zwei Fragen **hinterherzuschieben**[9]: „Wann machst du mich endlich zur **Uroma**[10]? Gibt es denn da wirklich niemanden?"

In der letzten Woche vor dem großen Tag wird Robin immer aufgeregter: Bald ist es so weit. Seine **Studentenbude**[11] ist schon fast **ausgeräumt**[12], seine Sachen hat er schon zu seinen Eltern gebracht. Jetzt ist er wieder in Göttingen. So wie Elisabeth, die auf jeden Fall in Göttingen bleiben wird. Zur Verleihung der Doktortitel sind viele von Robins Freunden und alle seine Verwandten gekommen. Auch seine Oma ist da und winkt ihm mit ihrem Taschentuch zu. **Kaum**[13] hat Robin seinen **Doktorhut** erhalten, geht auch schon der feierliche **Umzug**[14] durch die Altstadt los. Die **frisch gebackenen**[15] Doktoren ziehen mit

1 **die Vorfreude -** Freude auf etw., das erst noch passieren wird

2 **die Verleihung -** von Preisen, Zeugnissen u. ä.: die Verteilung / Vergabe

3 **lehrreich -** man lernt viel

4 **verteidigen -** (hier:) seine Doktorarbeit öffentlich vorstellen und darüber diskutieren

5 **Wo die Liebe hinfällt (idiom.) -** man kann Liebe nicht planen

6 **die Zweisamkeit -** die Partnerschaft

7 **der Kommilitone/die KommilitonIn -** der/die Studienfreund/-in

8 **beeindruckt -** voller Bewunderung für eine tolle Leistung

9 **hinterherschieben (ugs.) -** noch etw. sagen, was man schon lange sagen wollte

10 **die Uroma -** die Mutter der Oma

11 **die Studentenbude (ugs.) -** das Studentenzimmer / die (kleine, einfache) Studentenwohnung

12 **ausgeräumt -** leer

13 **kaum -** (hier:) Abkürzung für kaum dass, kurz nachdem

14 **der Umzug -** die Parade, der feierliche Marsch

15 **frisch gebacken (idiom., ugs.) -** neu, gerade erst fertig geworden

ihren **Doktorvätern**[16], Verwandten und Freunden in **Bollerwagen**[17] bis zum Gänseliesel-Brunnen.
Und da steht Elisabeth, das **Gänseliesel**, oben auf dem Brunnen. Seit mehr als hundert Jahren ist es Tradition, dass Studenten oder Doktoranden der Skulptur am Anfang oder Ende ihres Studiums einen Kuss geben. Und **mit dieser Tradition** wollen natürlich auch Robin und seine Freunde nicht **brechen**[18]. Einer nach den anderen steigt hinauf und küsst sie.
Endlich kommt auch Robin an die Reihe. Er steigt hinauf, umarmt das Gänseliesel und ... **zögert**[19]. Statt das ‚meistgeküsste Mädchen der Welt' sofort zu küssen, **flüstert**[20] er ihr erst mal etwas ins Ohr. Dann legt er sein Ohr an ihren Mund und **lauscht**[21]. In dem Moment, als er ihr schließlich doch noch den traditionellen Kuss geben will, **rutscht** er **aus**[22] ...
... und fällt genau in die Arme einer anderen Doktorandin, die Robin bisher noch nie aufgefallen ist. Sie hingegen kennt ihn genau. Seit Monaten schon beobachtet sie ihn heimlich, hat **sich** aber nie **getraut**[23], ihn anzusprechen. Doch als er **den Halt verlor**[24] und vom Brunnen stürzte, musste sie nicht lange überlegen, sondern reagierte sofort. Und jetzt, da er in ihren Armen liegt, ist es auch ganz leicht, ein Gespräch anzufangen:
„Was hast du ihr denn ins Ohr geflüstert?"
„Dass ich mir wünsche, meine Traumfrau zu finden."
„Und was hat das Gänseliesel dir geantwortet?"
„Dass sie mich auffangen wird."
Elli lächelt, sie mag humorvolle und **schlagfertige**[25] Männer. Robin liegt immer noch in ihren Armen und sieht ihr tief in die Augen. „Wie heißt du?", fragt er schließlich seine **Retterin**[26].
„Elisabeth, meine Freunde nennen mich einfach Elli, aber du kannst mich auch Liesel nennen, wenn dir das lieber ist." Bevor

er etwas antworten kann, kommt seine Oma auf sie zu und meint: „Möchtest du sie mir nicht vorstellen?"

das **Gänseliesel** – Skulptur, die ein Bauernmädchen mit Gänsen zeigt. Liesel ist eine Abkürzung von „Elisabeth", der Artikel „**das**" wird wegen der Endung „**el**" verwendet.

16 **der Doktorvater/die Doktormutter** – Professor/-in, der / die eine Doktorarbeit betreut

17 **der Bollerwagen** – Fahrzeug mit Holzwänden und Holzrädern, das man an einer Stange hinter sich herzieht

18 **mit einer Tradition brechen** – eine Tradition nicht achten, aufgeben

19 **zögern** – einen Moment warten und nachdenken

20 **flüstern** – leise sagen

21 **lauschen** – aufmerksam zuhören

22 **ausrutschen** – ein Fuß steht nicht mehr fest auf dem Boden

23 **sich trauen** – den Mut haben

24 **den Halt verlieren** – sich nicht mehr festhalten können, fallen

25 **schlagfertig** – witzig und eloquent, ohne nachdenken zu müssen

26 **die Retterin** – eine Frau, die einen gerettet / einem sehr geholfen hat

38 EIN FALSCHER SCHRITT

„Hilfe, Hilfe!", schrie Anselm **verzweifelt**[1]. Irgendetwas war hier so richtig **schiefgegangen**[2]. Warum hatten sie bloß nicht auf die Warnungen gehört?

Doch immer der Reihe nach. Erzählen wir die Geschichte besser von Anfang an. Sie waren eine **eingeschworene Truppe**[3], damals an der Uni: Alice, Maja, Markus und Anselm. Sie lernten zusammen und feierten zusammen. Später halfen sie sich dann bei den ersten Schritten ins Berufsleben. Auch bei den Hochzeiten der anderen waren sie immer dabei.

Zehn Jahre waren nun schon seit ihrem Abschluss vergangen. Das brachte Anselm auf eine Idee. Er telefonierte herum und organisierte ein Treffen der

Die **Zugspitze** ist mit **2.962** Metern der höchste Berg Deutschlands.

Auf ihrem Gipfel verläuft die Grenze zwischen Deutschland und Österreich.

alten Truppe in Garmisch-Partenkirchen mit einer Wanderung auf die **Zugspitze**. Das war typisch für Anselm. Immer hatte er große Pläne und immer **wollte** er **hoch hinaus**[4]. Nun **trudelte** einer nach dem anderen in ihrer Unterkunft **ein**[5]. Der erste Abend war noch ganz gemütlich: mit einem leckeren Drei-Gänge-Menü und vielen Gesprächen.
Nach dem Nachtisch zeigten sie sich auf ihren Smartphones gegenseitig ihr Leben:

Nur Markus sagte nichts.

Auf dem Gipfel befindet sich auch ein Postamt – das höchstgelegene des ganzen Landes!

1 **verzweifelt** – ohne jede Hoffnung
2 **schiefgehen (ugs.)** – nicht funktionieren, misslingen
3 **die eingeschworene Truppe** – Gruppe guter Freunde/Freundinnen, die sich sehr gut kennen und viel zusammen machen
4 **hoch hinaus wollen** – Karriere machen wollen, ehrgeizig sein
5 **eintrudeln (ugs.)** – nicht zusammen, sondern nach und nach kommen
6 **Man gönnt sich ja sonst nichts!** – Sonst kaufen wir keine teuren Sachen.

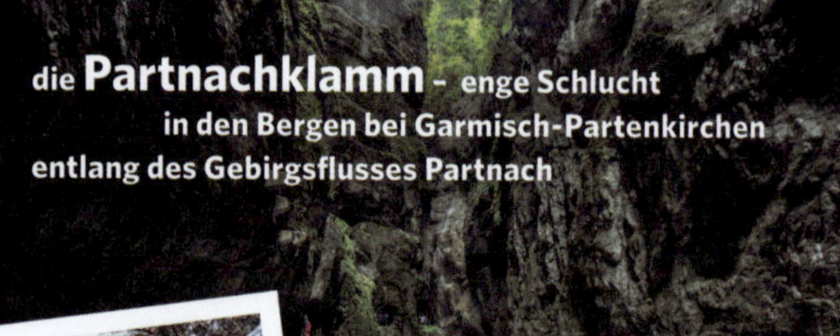

die Partynacht-Klemme
spaßhafte Veränderung des Namens der Klamm (die Klemme – die Schwierigkeit)

rauschen
Geräusch von schnell fließendem Wasser oder Blättern im Wind

Am nächsten Morgen ging es sehr früh los, denn der **Aufstieg**[7] würde zehn Stunden dauern. Gleich zu Anfang durchquerten sie die **Partnachklamm**. Die Stimmung war gut, man redete und hatte jede Menge Spaß: „Hey, jetzt kommen wir in die **„Partynacht-Klemme"**! Die meiste Zeit bewunderten sie aber den **rauschenden** Fluss und die steilen Felswände rechts und links, machten jede Menge Fotos und genossen es, dass es hier nur langsam bergauf ging.

Als sie die Klamm hinter sich gelassen hatten, **schüttete** Markus Alice **sein Herz aus**[8]. „Weißt du, irgendwie habe ich viele Schritte in die falsche Richtung gemacht. Alle von uns haben Karriere gemacht, haben Familie, einen tollen Job, ein schönes Haus und spannende Urlaube. Und ich? Was habe ich denn schon erreicht?"

Alice versuchte, ihn zu **trösten**[9], doch es gelang ihr nicht. So wanderten sie weiter, an der **Bockhütte** vorbei bis zum

die Bockhütte
Berghütte in den Alpen

Höhenmeter überwinden in den Bergen (steil) nach oben wandern

Wasserfall[10] der Partnach. Hier machten sie wieder viele Fotos. Eine längere **Rast**[11] gab es vier Kilometer weiter bei der **Reintalangerhütte**[12].

Mit neuer Energie machten sie sich an den anstrengendsten Teil der Tour. Es kostete schon viel Kraft, die vielen **Höhenmeter** zu **überwinden**. Doch Anselm wusste, was zu tun war. „Man muss nur seinen eigenen Rhythmus finden, dann geht es leichter", riet er.

Als sie Stunden später am **Gipfelkreuz** der Zugspitze

Markierung aus Holz oder Metall an der höchsten Stelle eines Berges

7 **der Aufstieg** – Wanderung in den Bergen nach oben

8 **jmdm. sein Herz ausschütten (idiom.)** – mit jmdm. über seine Sorgen sprechen

9 **trösten** – freundlich mit jmdm. sprechen und dadurch seine Sorgen leichter machen

10 **der Wasserfall** – Fluss oder Bach, der über einen Felsen steil in die Tiefe fällt

11 **die Rast** – Pause beim Wandern, auf einer Fahrradtour oder bei einer Autoreise

12 **die Reintalangerhütte** – Berghütte in den Alpen

standen, waren alle Anstrengungen vergessen. Sie waren ganz oben, am höchsten Punkt Deutschlands. Ein traumhaftes Panorama **breitete sich vor ihnen aus**[13].

Zur Übernachtung gingen sie ins **Münchner Haus**[14]. Hier **ließen** sie **sich** in aller Ruhe eine **Erbsensuppe** und eine **Weißwurst** mit **Brezeln schmecken**[15]. Immer wieder bestellten sie einen **Jagatee**[16] dazu. Wie gut das nach der langen Wanderung tat! Sehr spät erst krochen sie im Matratzenlager in ihre **Schlafsäcke**.

Als sie am nächsten Morgen ihre Rucksäcke packten, warnte sie ein alter Wanderer: „es wird einen **Wetterumschwung** geben. **Seht zu**[17], dass ihr runterkommt." Ach was, ein Wetterumschwung. Das Wetter sah doch gut aus! Sie kümmerten sich also nicht weiter um die Warnung und gingen noch einmal hoch zum Gipfel. Dort oben **vertrödelten**[18] sie weitere Zeit.

der Schlafsack

tütenförmige Decke für Übernachtungen beim Camping oder auf Wanderungen

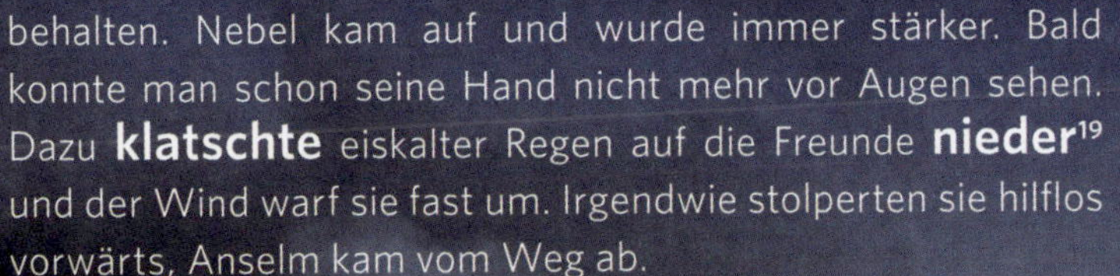

behalten. Nebel kam auf und wurde immer stärker. Bald konnte man schon seine Hand nicht mehr vor Augen sehen. Dazu **klatschte** eiskalter Regen auf die Freunde **nieder**[19] und der Wind warf sie fast um. Irgendwie stolperten sie hilflos vorwärts, Anselm kam vom Weg ab.

„Hilfe, Hilfe!", schrie er verzweifelt. Irgendetwas war hier so richtig schiefgegangen. Warum hatten sie bloß nicht auf die Warnungen gehört?

„Irgendwas war hier so richtig schiefgegangen."

der Wetterumschwung
plötzliche Änderung des Wetters

13 **sich vor jmdm. ausbreiten** - vor jmdm. liegen
14 **Münchner Haus** - Gasthof auf der Zugspitze
15 **sich schmecken lassen** - mit großem Appetit essen
16 **der Jagatee** - Tee mit Rum, österreichische Spezialität
17 **zusehen (ugs.)** - sich beeilen
18 **vertrödeln** - nicht sinnvoll zubringen, verschwenden
19 **niederklatschen** - mit großer Geschwindigkeit fallen

„Bleibt hier zusammen, ich kümmere mich um ihn", **brüllte**[20] Markus. Er nahm nur seine Taschenlampe und ein Seil mit und eilte in die Richtung, aus der Anselms Schreie kamen. „Jetzt nur nicht zu schnell", dachte er sich. Er sah kaum etwas, doch – halt! Was war denn das? Markus **kroch**[21] hin und erkannte schließlich dicht vor sich – Anselms Hände. Und wo war der Rest von ihm? Markus begann zu schwitzen. Vorsichtig kroch er noch ein Stück weiter und guckte über die **Kante**[22]. Tatsächlich! Da **baumelte**[23] sein Freund über der Tiefe. Lange würde er sich nicht mehr halten können. Zwar konnte Anselm nicht sehen, was unter ihm war, aber er fühlte es wohl, denn er war **leichenblass**[24]. Markus überlegte nicht lange. Er band sich das Seil um den Körper und redete beruhigend auf seinen Freund ein. Dann **knotete**[25] er das **Seil** um Anselms linken Arm. „Halt dich fest, ich ziehe dich hoch!"

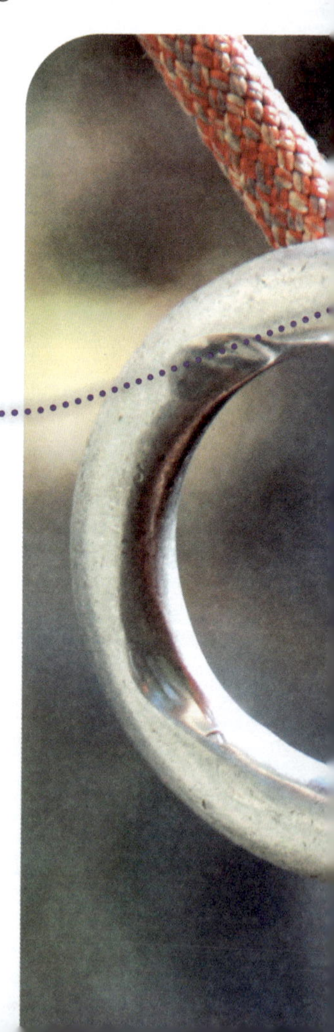

Ein paar Minuten später standen die beiden Freunde nebeneinander oben auf der Felskante. Allmählich verbesserte sich das Wetter wieder. Anselm war unendlich erleichtert, dass alles noch einmal gut gegangen war, aber er konnte immer noch nicht in die Tiefe schauen. Wenn Markus nicht gekommen wäre und ihm geholfen hätte, ... **Nicht auszudenken**[26], was dann passiert wäre!

Da nahm Alice Markus am Arm und zog ihn ein paar Meter von den anderen weg: „Markus, du hast gestern gesagt, du hättest nichts erreicht." Sie schüttelte den Kopf. „*Du* hast mehr erreicht als wir anderen zusammen – etwas, was wichtiger ist als alles andere: Du hast ein Menschenleben gerettet!"

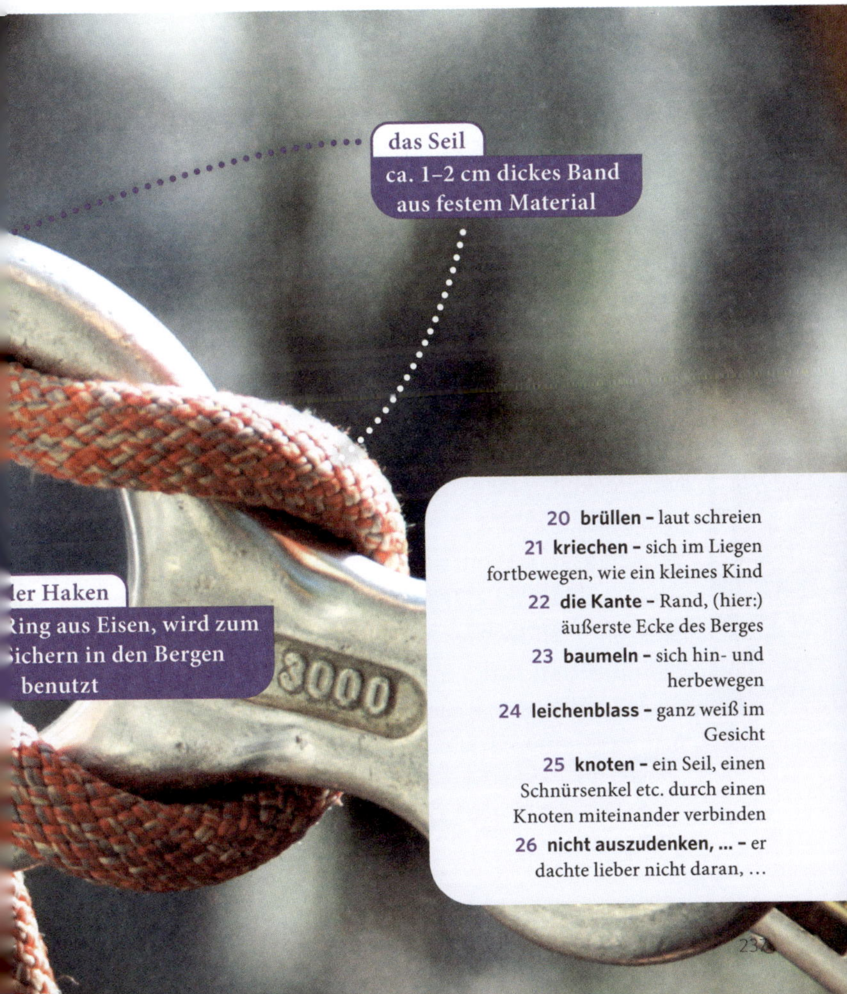

20 **brüllen** – laut schreien

21 **kriechen** – sich im Liegen fortbewegen, wie ein kleines Kind

22 **die Kante** – Rand, (hier:) äußerste Ecke des Berges

23 **baumeln** – sich hin- und herbewegen

24 **leichenblass** – ganz weiß im Gesicht

25 **knoten** – ein Seil, einen Schnürsenkel etc. durch einen Knoten miteinander verbinden

26 **nicht auszudenken, ...** – er dachte lieber nicht daran, ...

das Flens
(ugs.) Kurzform für Flensburger, eine Biersorte aus der Stadt Flensburg

39 NACH DER WANDERSCHAFT

Für einen Moment lasse ich die Feier hinter mir und gehe mit einem **Flens** vor das Restaurant. Hier stehe ich nun und schaue auf den Hafen, die **Förde** und Dänemark. Was hat mir mein junges Leben nicht alles schon gebracht!

Alles fing an, als ich noch ganz klein war. Es gibt ein altes Video, in dem ich im Alter von drei Jahren mit meinen kleinen Händen einen Tisch **streichle**[1] und ihn genau betrachte. Möbel haben mich schon immer fasziniert. Niemand wunderte sich also, dass ich nach der Schule eine Ausbildung zum **Tischler**[2] begann. Doch dann fasste ich einen Entschluss, der viele überraschte: Ich ging auf **Wanderschaft**.

Meine Familie war nie reich. Wir **kamen** zwar **über die Runden**[3], aber ein Urlaub **war** nur alle drei Jahre **drin**[4] und dann auch nur in Deutschland. Doch ich wollte die Welt sehen. Da waren die Wanderjahre doch eine ideale Möglichkeit. Nach der **Gesellenprüfung**[5] ging ich also auf die **Walz**.

Was das ist, fragen Sie? Nun, es handelt sich dabei um eine alte deutsche Tradition. Nach den Lehrjahren verlässt ein Handwerker für mindestens drei Jahre seinen Heimatort und geht in ganz Europa von einem Ort zum nächsten, um von verschiedenen **Meistern**[6] zu lernen. Die Regeln, die man auf dieser Wanderschaft beachten muss, sind streng. So darf man

die Wanderschaft – (hier:) Handwerker/-innen ziehen mehrere Jahre durch verschiedene Regionen und Länder, um noch mehr für ihren Beruf zu lernen

per Anhalter – trampen; Autos stoppen und fragen, ob man mitfahren darf

zum Beispiel auch an Feiertagen seine Familie oder seinen Heimatort nicht besuchen. Und man muss zu Fuß oder **per Anhalter** unterwegs sein, ein eigenes Auto darf man nicht benutzen.

So reiste ich also in den letzten drei Jahren durch ganz Europa. Auf meinen Reisen habe ich mir immer die wichtigsten Tipps der Tischlermeister aufgeschrieben. Nicht nur zur Bearbeitung von Holz, sondern auch zum Marketing. Besonders gut erinnere ich mich noch an den Ratschlag eines portugiesischen Meisters: „Es **langt**[7] nicht, gute Möbel zu bauen. Du musst Möbel bauen, die sonst niemand baut." In Südpolen konnte ich sehen, wie aus alten Booten Regale und Holzlampen gemacht wurden. Diese interessante Idee schrieb ich gleich in meinem Notizbuch auf.

Am besten gefallen hat es mir aber in Norddeutschland und Skandinavien. Die Leute sprechen nicht so viel, die Landschaft **ist** genau **mein Ding**[8] und nicht zuletzt gefallen mir die typischen Möbel in Nordeuropa. Schon lange war es also mein

1 **streicheln** – seine flache Hand vorsichtig über etw. führen
2 **der/die Tischler/-in** – Handwerker/-in, der/die Tische und andere Möbel baut
3 **über die Runden kommen (idiom.)** – genügend Geld zum Leben haben
4 **drin sein (ugs.)** – möglich sein
5 **die Gesellenprüfung** – Abschlussprüfung
6 **der/die Meister/-in** – Handwerker/-in mit dem höchsten Abschluss, nur mit diesem Abschluss darf man junge Leute in seinem Fach ‚unterrichten'
7 **langen** – reichen
8 **jmds. Ding sein (idiom.)** – gut gefallen, gerne mögen

die **Punkte (Pl.)** - (hier:) Strafpunkte, die man bekommt, wenn man schwere Fehler im Straßenverkehr macht, wie viel zu schnelles Fahren oder Nicht-Beachten einer roten Ampel. In Flensburg werden diese Fehler in einem speziellen Amt gespeichert.

Plan, **mir** nach der Walz an der Grenze zu Skandinavien **eine Existenz aufzubauen**[9].

Die letzte Station auf meiner Wanderschaft war Flensburg. Zuvor hatte ich diese Stadt immer nur mit den **Punkten** in Verbindung gebracht.

Und in Flensburg bin ich dann geblieben. Schnell fand ich eine Werkstatt mit einem großen Lagerraum. Als ich in der ersten Woche durch den Hafen ging, kam ich an einer Halle vorbei, in der alte Schiffsmöbel, **Planken** und Schiffswracks standen. Das sollte alles weggeschmissen werden. Unglaublich! Mir fiel wieder ein, was für tolle Möbel meine polnischen Kollegen aus alten Booten gemacht hatten. Deshalb fragte ich gleich, ob ich das Holz und die Möbel mitnehmen dürfte. Ich durfte.

langes und dickes Holzbrett von Schiffen oder Zäunen

Was hatte mein portugiesischer Kollege auch noch gesagt? Man müsse Möbel bauen, die sonst niemand baut. Ich nahm also die Planken, ein bisschen **Treibholz** und die alten Schiffsmöbel. Hier und da verwendete ich auch etwas Beton und Metall. So schuf ich echte **Unikate**[10]. Das erste Regal, das ich ins Schaufenster stellte, konnte ich schon zwei Tage später verkaufen.

Holz, das das Meer an einen Strand trägt

das **Fass** - großer zylindrischer Behälter aus Holz für Wein oder Rum

Und dann traf ich zu meinem Glück auch noch Sven. Er hatte ein paar Tage zuvor viele alte Rum**fässer** gefunden. Sie stammten noch aus dem 19. Jahrhundert, also aus einer Zeit, als Flensburg ein Zentrum des Rumhandels war. „Leider sind sie leer", scherzte er. Er selbst hatte kaum Platz für die vielen Fässer. Also machte er mir einen sehr fairen Preis und ich konnte die Fässer nach und nach abholen.

Was ich aus den Fässern machte, wollen Sie wissen? Eike Harms ist der Besitzer eines Fischrestaurants direkt am Meer. Und dieses sollte nach vielen Jahren endlich neu eingerichtet werden. Mein Stil gefiel ihm. Und den riesigen Fässer**stapel**[11] in meinem Lager fand er sehr **beeindruckend**[12]. Später hat er mir erzählt, dass es genau diese Fässer waren, die **den Ausschlag dafür gaben**[13], dass ich den Auftrag für die Einrichtung seines Restaurants bekam.

Sechs Wochen brauchte ich, einen freien Tag **gönnte ich mir**[14] nicht. Dann waren die neuen Möbel fertig. Als Eike sie abholte, lud er mich gleich als Ehrengast auf die heutige Feier

9 **sich eine Existenz aufbauen -** eine Firma/einen Betrieb gründen

10 **das Unikat -** etw. Einzigartiges

11 **der Stapel -** Berg (aus Papier, Tellern, Büchern, Fässern, ...)

12 **beeindruckend -** toll

13 **den Ausschlag geben für -** das wichtigste Argument für eine Entscheidung sein

14 **sich gönnen -** sich nehmen, weil man findet, dass man es verdient hat

zur Wiedereröffnung seines Restaurants ein. Natürlich komme ich gerne vorbei. Voller Neugier frage ich mich: „Wie wird den Gästen wohl meine Arbeit gefallen?" Tatsächlich bekomme ich viele Komplimente, verteile Visitenkarten und kann sogar weitere Aufträge notieren.

Für einen Moment lasse ich die Feier hinter mir und gehe mit einem Flens vor das Restaurant. Hier stehe ich nun und schaue auf den Hafen, die Förde und Dänemark. Was hat mir mein junges Leben nicht alles schon gebracht! Die letzten drei Jahre waren aufregend, aber jetzt habe ich das Gefühl, angekommen zu sein. „Flensburg", denke ich. „Hier **lässt es sich**[15] leben. Hier bin ich richtig."

Flensburg liegt fast am nördlichsten Punkt Deutschlands. Bis zum südlichsten Punkt Deutschlands in Bayern sind es fast **880 km**.

Wegen der Nähe zu Dänemark wird an den Schulen in Flensburg nach Englisch oft Dänisch als zweite oder dritte Fremdsprache unterrichtet.
Auch auf den Ortsschildern steht neben dem deutschen Namen die dänische Variante: Flensborg.

Im Flensburger Hafen finden regelmäßig internationale Events rund ums Schiff statt. Beispiele sind die **Rum-Regatta** oder die **Flensburg Nautics.**

15 **es lässt sich ...** – man kann ...

40 NICHTS ALS SORGEN

Arbeitsgerät im Garten, ähnlich wie eine Gabel

Der Ort, an dem Jens arbeitet, heißt ins Deutsche übersetzt „Ohne Sorgen“. Wenn er das jemandem erzählt, bekommt er immer das Gleiche zu hören: „Keine Sorgen auf der Arbeit? Du hast es aber gut.“ Nachdenklich schaut Jens von der obersten Terrasse auf die Parkanlage von Schloss Sanssouci. „Keine Sorgen? Schön wär's. Probleme habe ich zurzeit wirklich ohne Ende.“

Jens trägt wie immer seine grüne Arbeitshose, in der Hand hält er seine **Gartenharke**. Hinter seinem Rücken steht das **prunkvolle** Schloss. Doch das hat Jens noch nie interessiert. Er ist einer von drei Chefgärtnern im Potsdamer Schloss. Jeder von ihnen ist zuständig für einen anderen Bereich. Oben beim Schloss verlaufen entlang der großen **Freitreppe** riesige Weinbergterrassen. Hier arbeitet sein Kollege Peter. Jens hingegen ist für den barocken **Ziergarten** unterhalb vom Schloss verantwortlich. Er kümmert sich um den Rasen, die Blumen und die **Broderien**. Und gerade deswegen hat er in der letzten Zeit Sorgen ohne Ende.

Bis jetzt war der Frühling sehr sonnig, warm und trocken. Ganz Brandenburg freut sich über lange Spaziergänge, Sport und Spiel unter freiem Himmel oder Grillabende.

Fläche mit Mustern aus Steinen und Pflanzen in einem Park

große, breite Treppe vor einem prunkvollen Gebäude

Garten, der nur zur Zierde, also als Schmuck gedacht ist

groß und reich geschmückt

lange, flexible Leitung für Wasser

„**Des einen Freud, des anderen Leid**[1]", denkt Jens und schaut auf seine Mitarbeiter, die mit **Wasserwagen** und **Gartenschlauch** gegen die Trockenheit kämpfen.

Die Parkanlage von Schloss Sanssouci **verfügt über**[2] ein **ausgeklügeltes**[3] Bewässerungssystem mit 70 Kilometern Wasserleitungen. Gebaut wurde es zwar schon vor langer Zeit, zwischen 1841 und 1843. Doch normalerweise funktioniert es immer noch **einwandfrei**[4]. Nur in diesem Jahr ist es plötzlich so trocken wie seit einem halben Jahrhundert nicht mehr. Da **versagt**[5] selbst das beste Bewässerungssystem.

Dabei muss in vier Tagen alles perfekt sein. Dann ist es nämlich so weit. Ein wichtiger Staatsgast kommt nach Berlin und zu ihnen nach Potsdam. Jens interessiert sich zwar nicht für die große Politik und die vielen Besuche aus der ganzen Welt. Doch vor ein paar Tagen sind ein paar wichtige Beamte aus Berlin angereist und mit ihnen durch den Park spaziert. Der oberste Beamte hat Jens immer wieder **eingeschärft**[6]: „Alles muss noch perfekter sein als sonst. Ich **zähle auf** Sie[7]!" Wie soll er das nur schaffen?! In den letzten Wochen haben sie doppelt so viel Wasser wie sonst in einem ganzen Jahr verbraucht. So ist das ganze **Unterfangen**[8] ein Wettlauf gegen die Zeit – und das Wetter. Als Jens am späten Abend nach Hause kommt, ist er erschöpft und todmüde.

Trotzdem wacht er mitten in der Nacht auf. Irgendein komisches Geräusch hat ihn geweckt. Vor seinem Häuschen rauscht es so, als würde er an einem **Wasserfall**[9] wohnen. Sofort stürzt er ans Fenster und schaut hinaus in seinen kleinen Garten. Ein unerwartetes Gewitter, die **Erlösung**[10]! Solange es regnet – und es regnet viel und lang – rennt er von einem Fenster zum nächsten und **vollführt einen wahren Freudentanz**[11].

der Wasserwagen
Fahrzeug zum Transport von großen Wassermengen

der Maulwurfshügel
Erdhaufen, den ein Maulwurf beim Graben an die Erdoberfläche schiebt

Als er am nächsten Tag **in aller Herrgottsfrühe**[12] zur Arbeit kommt, ist sein Team schon dabei aufzuräumen. „Jetzt wird alles gut“, denkt Jens. „Jetzt bin ich meine Sorgen wohl los. Dem Himmel sei Dank!“ Er geht an den Blumenbeeten vorbei und lächelt zufrieden. „Den Beamten und diesem Staatsgast werde ich schon zeigen, was ein perfekter Schlossgarten ist. **Die werden Augen machen**[13]!“, freut er sich. Aber dann **bleibt er wie angewurzelt stehen**[14]. „Was – ist – denn – das?“, denkt er. Er weiß natürlich nur zu gut, was er da vor sich hat: einen **Maulwurfshügel**. Und gleich daneben noch ein zweiter, etwas weiter noch ein dritter, der ganze, mit so viel Liebe gepflegte

1 **Des einen Freud, des anderen Leid (idiom.) –** für eine Person bringt etwas Vorteile, für eine andere Nachteile

2 **verfügen über –** haben

3 **ausgeklügelt –** raffiniert, durchdacht

4 **einwandfrei –** bestens, perfekt, ohne Probleme

5 **versagen –** nicht mehr funktionieren

6 **einschärfen –** betonen, deutlich/klar sagen

7 **auf jmdn. zählen –** sich auf jmdn. verlassen

8 **das Unterfangen –** problematischer Plan, riskantes Vorhaben

9 **der Wasserfall –** Fluss oder Bach, der von einem Berg steil in die Tiefe fällt

10 **die Erlösung –** Rettung, Befreiung, Ende eines Problems

11 **einen (wahren) Freudentanz vollführen –** vor Freude herumhüpfen und jubeln/singen

12 **in aller Herrgottsfrühe (ugs.) –** sehr früh morgens, wenn es fast noch dunkel ist

13 **Die werden Augen machen! (ugs.) –** Die werden sich wundern / staunen!

14 **wie angewurzelt stehen bleiben –** plötzlich stehen bleiben, meist vor Schreck

Rasen ist voll davon. Eigentlich haben sie rund um den Park **Sperrgitter**[15] in die Erde gesteckt, und durch diese kann normalerweise keins der kleinen Tiere von außen in den Park kommen. Außerdem gibt es im Park selbst noch unterirdische **Bodenmatten**[16]. So kann ein Maulwurf, falls es doch mal einer in den Park schaffen sollte, zwar seine Gänge bauen, aber trotzdem keine Hügel nach oben drücken. Bis jetzt war das auch völlig ausreichend gewesen. Seit Jahren hatten sie schon keine Probleme mehr mit Maulwürfen gehabt.

Sofort ruft Jens sein Team zusammen. An den Gesichtern seiner Kollegen kann er sehen, dass einige von ihnen die Katastrophe auch schon entdeckt haben. „Wir haben nur drei Tage. Wir müssen **alles daran setzen**[17], die Maulwürfe zu vertreiben oder zu fangen!“, erklärt Jens. Zuerst sammeln sie **alle nur erdenklichen**[18] Methoden, mit denen sie selbst oder Kollegen schon erfolgreich Maulwürfe vertrieben oder gefangen haben. Da kommt eine ganz schön lange Liste zusammen. Auch ein paar völlig absurde Ideen, an die niemand so recht glaubt, sind darunter. Dann machen sie sich an die Arbeit.

In den nächsten drei Tagen **schwanken**[19] alle zwischen Hoffnung und Panik. Sie stellen unzählige **Fallen**[20] auf, stecken sauren Joghurt und andere stinkende Substanzen wie Knoblauch und Fischreste in die Erde, machen viel Lärm, setzen die Gänge unter Wasser ... Denn all das mögen Maulwürfe überhaupt nicht und verschwinden in der Regel irgendwann. Töten, das wissen die Gärtner, darf man die Maulwürfe nicht.

Nur vier Stunden vor dem Eintreffen des Staatsgastes haben sie den **Störenfried** endlich. In einer der Fallen sitzt ein Maulwurf. Kaum zu glauben, dass dieses kleine, so nett und **harmlos**[21] aussehende Tierchen **ihnen** in den letzten Tagen derartig **das Leben zur Hölle machen**[22] konnte.

Jens geht schnell noch ein letztes Mal durch den Park und verteilt die letzten Arbeiten. Jetzt stehen an jeder Ecke schon die Sicherheitsbeamten herum, um alle Parkbesucher - also auch die Gärtner - zu vertreiben. Doch sollen sie sie ruhig vertreiben. Sie haben getan, was sie konnten. Und der Park sieht jetzt wirklich toll aus. Erleichtert wendet sich Jens an sein Team: „**Feierabend**[23]. Ihr habt das Unmögliche möglich gemacht. Ich bin stolz auf euch."
Um 20 Uhr schaltet Jens die Nachrichten im Fernsehen ein. Er will doch sehen, ob vielleicht Bilder von diesem Staatsgast in seinem Park gezeigt werden. Und ob **sich** vielleicht doch noch irgendwo ein Maulwurf **eingeschlichen**[24] hat. Endlich: Die dritte Meldung ist es. Gezeigt werden aber keine Fotos von seinem Park, sondern nur Bilder eines Vulkans, der gerade auf Island **ausgebrochen**[25] ist. Seinetwegen mussten alle Flüge über Westeuropa gestrichen werden. Auch der wichtige Staatsgast konnte deshalb nicht nach Berlin kommen. „Hätte ich das früher gewusst, dann könnte ich wirklich sagen: Ich habe einen Arbeitsplatz, der mir keine Sorgen macht!", denkt sich Jens, schaltet den Fernseher aus und sinkt todmüde in sein Bett.

15 **das Sperrgitter -** Blockade in Form eines Netzes aus Metall oder Draht, wie ein Zaun

16 **die Bodenmatte -** horizontales Sperrgitter aus Gummi

17 **alles daran setzen, etw. zu tun -** sich sehr anstrengen, um sein Ziel zu erreichen

18 **alle nur erdenklichen -** alle, die einem mit viel Phantasie einfallen

19 **schwanken -** unsicher sein, sich nicht entscheiden können

20 **die Falle -** Konstruktion zum Fangen von Tieren

21 **harmlos -** ungefährlich

22 **jmdm. das Leben zur Hölle machen -** jmdm. sehr viele Probleme machen

23 **der Feierabend -** Ende der täglichen Arbeit, Freizeit nach dem Arbeitstag

24 **sich einschleichen -** heimlich und trotz Verbot hereinkommen

25 **ausbrechen -** von Vulkanen: aktiv werden, Feuer spucken

jmd., der den Frieden/die Ruhe stört

BILDNACHWEIS

244.2 (thomasknospe); **245.1** (Goldengel); Fotolia.com, New York: **156.2** (andrehenschke); **157.2** (Butch); **160.2**, **170.1** (taddle); **163.1** (Simon); **166.3** (PixelPower); **167.2** (PhotoSG); **168.1** (powell83); **168.4** (helmutvogler); **168.5** (pusteflower9024); **174.1**, **174.3**, **174.4** (fotoping); **177.2** (nikoendres); Getty Images, München: **U1** (8vFanI); **U1** (Murat Taner); **U1** (NATALIA KHIMICH); **U1** (RicoK69); **U1** (filrom); **U1** (pop_jop); iStockphoto, Calgary, Alberta: **4.1**, **26.1** (bluejayphoto); **8.1** (KittisakJirasittichai); **9.1** (zoranm); **12.1** (Evening_T); **12.2** (fotogaby); **14.2** (Mlenny); **16.3** (Lisovskaya); **21.1** (Laszlo Szirtesi); **24.1** (NordsternStudio); **24.3**, **168.2** (Sjo); **26.2** (legna69); **26.3** (nicoolay); **26.4** (alxpin); **27.1** (mbbirdy); **27.2** (SHansche); **28.3** (baona); **29.1** (kyoshino); **30.1**, **54.2** (sack); **31.1**, **60.2**, **178.2**, **232.2** (FooTToo); **31.2** (SergiyN); **33.1** (Lux_D); **33.2** (ollo); **36.1** (pixhook); **36.2** (AlexLMX); **36.3** (studiocasper); **36.4** (CBCK-Christine); **40.3** (Flavio Vallenari); **43.2** (etotparen); **44.1** (venakr); **46.1** (PeopleImages); **47.1** (FredFroese); **49.1** (Vasko); **51.2** (Sergii Kateryniuk); **53.1** (no_limit_pictures); **53.2** (Elena Moskalenko); **55.1** (irakite); **56.2** (HandmadePictures); **57.1** (Ababsolutum); **59.2** (Jacob Ammentorp Lund); **62.1** (Neustockimages); **64.1** (omersukrugoksu); **64.2** (alekskai52); **65.3** (Tolola); **66.1** (MirekKIijewski); **67.1** (campbellphotostudio); **68.1** (Jultud); **69.1**, **120.2** (wakila); **70.1**, **71.1**, **162.2** (clu); **76.4** (fotolinchen); **86.1** (leaf); **92.1** (olgaecat); **92.2** (sapfirr); **94.1**, **94.2**, **94.3** (stevecoleimages); **100.1** (annebaek); **100.2** (Meinzahn); **101.1** (MAHESH PURANIK); **101.2** (IPGGutenbergUKLtd); **102.1** (marzena_cytacka); **102.2**, **126.1** (shaunl); **103.1** (Konstantin Aksenov); **104.1** (jctabb); **106.1**, **120.1** (monkeybusinessimages); **111.1** (gbrundin); **111.3** (anderm); **113.1** (querbeet); **118.3** (Oliver Schluenz); **119.2** (jurisam); **121.1** (Cylonphoto); **122.1** (OrleiJr); **122.3** (Karl-Friedrich Hohl); **122.4** (xeipe); **124.1** (Neurobite); **126.2** (anmbph); **128.1** (Artem Illarionov); **129.1** (Grafissimo); **135.1** (diego_cervo); **142.1** (SilviaJansen); **144.1** (8vFanI); **158.2** (LauriPatterson); **159.1** (MichaelUtech); **161.1**, **194.3** (rclassenlayouts); **162.1** (lechatnoir); **164.1**, **175.1** (cinoby); **166.1** (urmel89); **166.2** (bernsmann); **167.1** (Fokusiert); **168.3** (mauribo); **170.2** (axelbueckert); **172.2**, **180.3** (genekrebs); **172.3** (irman); **172.4** (pidjoe); **173.1** (Kemter); **176.1** (funky-data); **177.1** (doomu); **178.1** (wingmar); **179.1** (filmfoto); **179.2** (Hoamatgfui); **180.1** (svanaerschot); **181.1** (kupicoo); **183.1** (stockwerk); **183.2** (sara_winter); **184.2** (DieterMeyrl); **185.1** (extravagantni); **185.2** (Halfpoint); **186.1** (Peopleimages); **187.1** (AwaylGl); **190.1** (sutulastock); **192.1**, **224.1** (Daniel_Keuck); **194.1** (justhavealook); **195.1** (eyewave); **199.4** (wbgorex); **202.4** (pedrorufo); **203.2** (georgeclerk); **204.1** (gilaxia); **209.1** (blackred); **212.1** (Bliznetsov); **212.2** (Hailshadow); **220.1** (michal-rojek); **222.1** (Daisy-Daisy); **226.1** (kotina); **229.1** (lucentius); **232.3** (fotoVoyager); **233.1** (nullplus); **233.2** (Vladone); **234.1** (robynmac); **234.2** (bernjuer); **237.1** (StefanieDegner); **241.2** (shironosov); Shutterstock, New York: **U1** (Victoria Sergeeva); **3.1**, **140.1** (Funny Solution Studio); **5.1** (Serban Bogdan); **7.1**, **137.2** (Whatafoto); **12.4** (Frank Gaertner); **13.1** (Bilanol); **13.2** (LifetimeStock); **14.1**, **136.3** (tichr); **15.1** (Jens Goepfert); **15.2** (aldorado); **16.1** (Fotokostic); **16.2** (Tamas Panczel - Eross); **18.1** (GreenArt); **18.2** (Milosz Maslanka); **19.1** (Fotofermer); **20.1** (Bascar); **22.1** (artemiya); **22.2** (Viacheslav Lopatin); **23.1** (koosen); **23.2**, **84.1**, **205.1** (Africa Studio); **24.2** (Steve Cukrov); **28.1** (Kitch Bain); **30.3** (Shirinov); **34.1** (Wor Sang Jun); **35.1** (Patrick Poendl); **37.1** (TaTum2003); **37.2** (Bloomicon); **40.1** (varuna); **41.1** (Evgeny Bakharev); **42.2** (sophiablu); **43.1** (AlemaGoma); **45.1** (New Africa); **45.2** (Lytvynenko Bogdan); **48.1** (steve estvanik); **50.1** (Frank Wasserfuehrer); **50.2** (GrashAlex); **51.1** (nito); **54.1** (Oliver Huitson); **56.1** (svry); **56.3** (aragami12345s); **59.1** (successo images); **60.1** (Claudia Paulussen); **61.2** (Five-Birds Photography); **63.1** (wideonet); **65.1** (RossHelen); **65.2** (trabantos); **67.2** (Keith Publicover); **67.3** (tonton); **73.1** (Kaspri); **74.1** (Jaromir Chalabala); **75.1** (Donald Erickson); **76.3**, **206.1** (sevenMaps7); **78.2** (Serg64); **78.3** (Nicolas Primola); **80.1** (Humannet); **80.2**, **141.1** (Viktor1); **80.3** (Mark Herreid); **81.1** (stockcreations); **82.1** (Anke van Wyk); **83.2** (Ipatov); **85.1** (Mert Ozmen); **86.2** (Marko Bradic); **87.1** (Filip Olejowski); **89.1** (Andrey_Popov); **89.2** (Champiofoto); **90.1** (S-F); **95.1** (Alexander Erdbeer); **96.1**, **202.1** (canadastock); **97.1** (George Dolgikh); **97.2** (domnitsky); **97.3** (Artmim); **98.1** (Mapics); **107.1** (Olga Smirnova); **108.1** (Kichigin); **108.2** (Nella); **108.3** (Potapov Alexander); **108.4** (Smit); **109.1** (BMJ); **110.1** (Shukaylova Zinaida); **110.2** (Tania Thomson); **111.2** (Reinhard Tiburzy); **114.1** (charl898); **114.2** (schab); **116.1**, **117.1**, **221.1** (Stokkete); **118.1** (Michael Thaler); **118.2** (Robert Biedermann); **119.1** (Dani Vincek); **122.2**, **134.1**, **214.1** (LaMiaFotografia); **123.1** (Zerbor); **123.2** (josefauer); **123.3** (EduardSV); **124.2**, **158.1** (Bildagentur Zoonar GmbH); **125.1**, **138.2** (FooTToo); **125.2** (Mr Twister); **130.1** (Alinute Silzeviciute); **139.1** (katjen); **140.2** (Dja65); **141.2** (simm49); **141.3** (shutternelke); **145.1** (wanchai); **145.2** (Ruslan Kudrin); **146.1**, **157.1** (Rawpixel.com); **149.1** (Artush); **149.2** (natthasin chaiwisit); **149.3** (NavinTar); **150.1** (Jearu); **152.1** (Markus Stappen); **152.3**, **247.1** (Ondrej Prosicky); **153.1** (Bjoern Wylezich); **154.1** (Kravtsov_Ivan); **156.1** (Kolozsi Erik); **158.3** (mayer kleinostheim); **159.2**, **162.3** (r.classen); **160.1** (PanicAttack); **163.2** (IgorGolovniov); **171.1** (isak55); **172.1** (moreimages); **172.5** (Zacchio); **174.2** (Flori0); **178.5** (Markus Mainka); **180.2**, **180.4**, **180.5** (Carlos andre Santos); **180.6** (Dzhafarov Eduard); **182.1** (Dima Moroz); **182.2** (Mor65_Mauro Piccardi); **184.1** (Oscity); **185.3** (viktor95); **186.2** (DFLC Prints); **188.2** (pandapaw); **191.1**, **198.1** (Ppictures); **192.2**, **192.3** (hans engbers); **194.2** (Christian Mueller); **195.1** (Marcos Mesa Sam Wordley); **195.2** (yingko); **196.1** (Bartolomiej Pietrzyk); **197.1** (Anatoliy Babiychuk); **197.2** (Yana Fefelova); **199.1** (Dudarev Mikhail); **199.2** (Sergey Goryachev); **199.3** (furtseff); **200.1** (irisphoto1); **201.1** (Moving Moment); **202.2**, **202.3** (Ekaterina Pokrovsky); **203.1** (vvoe); **207.1** (Tobias Arhelger); **208.1** (bbernard); **210.1** (Sergey Novikov); **210.3** (abelardoabe); **215.4** (LianeM); **216.1** (LouieLea); **220.2** (lcrms); **227.1** (iidea studio); **231.1** (Monkey Business Images); **232.1** (NataliaMilko); **234.3** (nikitabuida); **238.2** (360b); **239.1** (VTT Studio); **240.2** (valzan); **240.3** (Nate Allred); **241.1** (Kishivan); **242.1** (Evannovostro); **243.1** (Oleksandr Kostiuchenko); **244.1** (Danny Smythe); **245.2** (cagi); Thinkstock, München: **40.4** (loco75); **42.1** (Wavebreakmedia Ltd); **136.1** (ronaldino3001); **148.1** (mkoenen79); **188.1** (ClaraNila); Wikimedia Commons, San Francisco: **12.3** (By Stephan Klage (Own work) [CC BY-SA 3.0); **15.3** (By Pjt56 (Own work) [CC BY-SA 4.0); **30.2** (Zavijava2); **155.1** (Südstädter); **210.2** (Deutsche Bundesbank, Frankfurt am Main, Deutschland)